국제거래법

국제거래법

윤성승 著

한국학술정보㈜

|서 문|

　최근 사법시험 1차 시험의 국제거래법의 시험범위 중 국제계약법 부분은 국제물품매매에 관한국제연합협약만으로 그 범위를 한정함으로써, 국제계약법의 출제범위를 대폭 축소하였다. 이는 방대한 국제계약법을 실무경험이 없는 학부 학생들이 1학기 동안의 수업으로 모두 이해하기가 매우 어렵다는 점에서 환영할 만한 일이나, 실무상 매매계약보다 중요한 다른 유형의 계약들이 배제되고 있어서 향후 국제무대에서 활약할 학생들에게 불충분한 교육이 있게 될까 매우 우려된다. 현재 대부분의 기존 교과서는 그 분량이나 내용으로 보아 한 학기에 모두 강의할 수 없을 정도로 광범위한 내용을 다루고 있으므로, 한 학기 내에 강의할 수 있을 정도의 기본적인 사항만을 다루는 학부 수준의 교과서가 필요하다고 생각하여 본서를 저술하게 되었다.

　국제계약의 광범위한 내용을 하나의 교과서에 모두 포함하는 것은 어렵기 때문에, 본서에서는 실무상 활용도가 높은 계약 유형만을 선별하여 국제계약의 기본구조와 특징을 학부 수준의 학생들이 이해할 수 있도록 하는 것을 목표로 하여 저술하였다. 국제물품매매계약과 관련하여서는 우리나라도 국제물품매매에 관한국제연합협약에 가입함으로써 동 협약이 국내에서 발효되어 국내법과 동일한 효력을 갖게 되었다. 따라서 동 협약의 구조와 내용에 대한 정확한 이해가 필요하다고 생각되어, 이에 대하여 상세한 설명을 하였다. 또한 영문계약서를 부록으로 수록하여, 학생들이 실무에서 활용되고 있는 계약서의 형식과 내용을 직접 경험하도록 하여, 이론과 실무를 동시에 강의할 수 있는 교재로 활용되도록 하였다. 교과서 본문의 내용을 설명하면서 부록에 수록된 계약서의 관련 조항을 참조할 수 있도록 한다면 실무와 연결된 현실적인 교육이 가능할 것으로 생각한다.

　실제로 법학을 전공하면서도 학부를 졸업할 때까지 영문계약서를 한 번도 보지 못하고 졸업하는 학생들이 많은 것을 생각하면, 국제화된 사회에서 앞으로 활동하게 될 학생들의 지적인 욕구를 자극하고, 현실감 있는 강의교재로 본서가 활용되었으면 한다.

2007년 8월 27일

저자 씀

| 목 차 |　contents

제 1 장

국제거래의 특성과 유형

1. 국제거래의 특성

국제거래의 범위에 대하여 다양한 의견이 있을 수 있으나[1], 본서에서 국제거래(International Business Transactions)는 국제적 성격을 가진 *私法的 去來*로 한정하여 사용하고자 한다.[2] 국제통상법(International Trade Law)은 그 성격이 공법이어서 거래법(transactional law)인 국제거래법과 성격이 다를 뿐 아니라 그 분량도 방대하므로 국제거래법에서 다루는 것보다는 별도의 과목으로서 취급하는 것이 바람직하다고 생각하기 때문이다.[3]

국제거래를 국제적 성격을 가진 사법적 거래로 한정할 때, 특정 거래가 국제적 성격을 갖는 주된 원인으로서는 거래 당사자의 영업장소가 상이한 국가에 있는 경우, 거래가 재화, 용역, 자본 또는 기술의 국가 간 이동을 수반할 경우, 동일한 국가에 소재하는 당사자 간의 거래가 다른 국가에 직접적인 영향을 미칠 경우 등을 생각할 수 있다.[4] 국제거래는 거래의 국제적 성격으로 인해서 국내거래에서는 존재하지 않는 여러 가지 특성을 가지고 있으므로, 국제거래를 위한 협상과 계약체결 시 이러한 특성에 대한 고려가 매우 중요하다. 물론 국제거래의 특성 중에는 그 특성이 국내거래와 다르기는 하지만 정도의 차이에 불과한 경우도 있다.[5] 그러나 국제거래 시 고려해야 할 중요한 사항은 주로 국내거래에는 존재하지 않는 국제거래의 특성에서 기인한다. 이러한 국제거래의 특성으로는 다음과 같은 것이 있다.

첫째, 법적용에 있어서 불확실성을 들 수 있다.[6] 국제거래는 동일한 법률관계에 여러 국가의 법이 적용될 수 있는 경우에, 어느 국가의 법을 적용하여야 할지 명확하지 않은 경우 발생할 수 있다. 또한 각 국가의 법은 일반적으로 그 내용과 체계가 서로 상이하므로, 어느 국가의 법이 적용되는지 여부에 따라 관련 당사자의 권리 및 의무에 대한 판단이 달라질 수 있다. 거래의 당사자는 자신이 잘 알지 못하는 외국의 법체계에 따라 소송을 분쟁을 해결하기를 원치 않는 것

---

1) 윤광운·박정기·김인유, 국제거래법, 삼영사 (2005), 3면.

2) Daniel C.K. Chow and Thomas J. Schoenbaum, *International Business Transactions: Problems, Cases, and Materials*, Aspen Publishers, Inc. (2005), p.1.: 최준선, 국제거래법, 삼영사 (2005), 6면 에서도 "국제거래법은 국제상거래에 공통적으로 적용되는 *私法的 法規의 總體*"라고 정의하고 있다.

3) Daniel C.K. Chow and Thomas J. Schoenbaum, *supra* note 2, at xxviii 참조.

4) *Id.* at 1 참조.

5) Ralph H. Folsom et al., *International Business Transactions*, West Group (2002), p.48.

6) 이태희, 국제계약법, 법문사 (2001), 6면.

이 일반적이다.[7] 따라서 국제거래에 있어서는 항상 관련 당사자 간의 법률관계에 어떠한 법이 적용될지 여부에 대하여 미리 검토하여, 당해 거래와 관련하여 불리한 국가의 법이 적용될 것이 예상될 경우에 사전에 계약서의 준거법 조항에 이를 회피하는 규정을 둘 필요가 있다.

둘째, 주권적 간섭이 있는 경우가 많다.[8] 각국은 자국의 경제질서를 보호하기 위하여 구체적인 수준과 방법에 있어서 차이가 있을 수 있으나 이에 대한 규제를 하고 있는 것이 일반적이다. 특히 지급수단인 외환거래와 관련한 규제와 각종 중요한 기술에 대한 기술수출에 대한 규제 등은 주권적 간섭의 전형적인 형태로 볼 수 있다. 주권적 간섭은 국제거래를 제한하는 측면에서만 있는 것이 아니라, 국제거래나 투자를 조장하기 위하여 각종 조세상의 특례를 규정하는 경우도 생각할 수 있다.

셋째, 환율변동 및 불확실성에 대한 고려가 필요하다. 국제계약의 경우 계약의 이행과 관련하여 약정된 금액을 지급하여야 하는 경우가 많다. 특히 거래를 위한 계약시점과 지급 또는 결제시점이 차이가 있는 경우에는 환율변동으로 인한 손해가 발생할 수 있는 만큼, 거래협상 시 환리스크를 고려하여 지급통화의 결정이나 환율변동에 대비할 수 있는 규정을 둘 필요가 있다.[9]

넷째, 정형화 추세[10]를 반영하는 국제관습이 발달되어 있는 경우가 많다. 다수의 반복적인 국제거래 시 계약의 신속체결과 당사자의 분쟁의 예방을 위하여 정형적인 거래조건을 계약서에 인용하여 계약하는 경우가 많다. 신용장거래와 관련한 신용장통일규칙(Uniform Customs and Practice for Documentary Credits: UCP), 거래조건해석에 관한 규제규칙 (International Rules for the Interpretation of Trade Terms: INCOTERMS) 등은 국제관습이 조문으로 정형화되어 이용되는 대표적인 예라고 할 수 있다. 또한 국제거래와 관련된 다자조약이 체결되어 있는 경우에는, 그러한 다자조약에 다수의 국가가 가입되어 있는 경우에는 체약국 상호 간에는 조약의 효력이 미치게 되는데, 국제물품매매에 관한국제연합협약 (The U.N. Convention on Contract for the International Sale of Goods: CISG)은 국제동산 매매계약 적용되는 중요한 다자조약이다.

다섯째, 영미법 원칙의 우세를 들 수 있다.[11] 국제거래에 있어서 영미법계 국가의 변호사와 대형 로펌이 계약의 협상이나 체결에 관여하는 경우가 많으며, 이들이 사용하는 정형화된 계

---

7) Ralph H. Folsom et al., *supra* note 5, at 48.

8) 이태희, 전게서, 6면.

9) Ralph H. Folsom et al., *supra* note 5, at 49.

10) 이태희, 전게서, 7~8면 참조.

11) 이태희, 전게서, 7면.

약서식 또는 문구가 매우 실용적이라는 측면에서 국제계약상 널리 사용되는 경우가 증가함으로써 사실상 영미계약상 원칙이 국제계약을 주도하는 현상이 나타나고 있다. 이들이 사용하는 계약서조항의 내용은 영미판례나 법원칙의 법리에서 유래된 것이 많은 것이 사실이다.12)

　이 밖에도 국제거래의 특수상황으로서 거리와 시간의 원격성과 상이한 언어, 문화, 풍습을 제시하기도 한다.13) 그러나 거리와 시간의 원격성은 통신기술의 발달과 인터넷의 등장으로 계약의 협상과정에서 이메일을 통한 계약서초안의 상호교환 등으로 상당히 극복되고 있다. 다만, 계약상대방에 대한 실사(due diligence)를 실시하는 경우와 같이 현장에서 직접 수행하여야 하는 절차에 대해서는 거리와 시간의 원격성은 계약체결 과정에 영향을 미치게 된다. 또한 언어나 문화 또는 풍습의 차이로 인해 계약서상 동일한 문구에 대해서 상대방이 예상치 못한 상이한 해석이나 이해를 할 수 있기 때문에 계약체결 과정에서 상대방이 계약서상 문구에 대해서 이해하는 바를 확인하고, 이를 분명히 하기 위해서 국내계약과 달리 계약서에 용어의 정의나 문구에 대해서 상세히 규정하는 경우가 많다.

　이러한 국제거래의 특성으로 인한 거래상 위험과 불확실성에 대응하기 위하여 두 가지 방법이 주로 사용된다. 첫째, 예측 가능한 거래위험에 대해서는 그 분배방법에 관하여 계약서에 가능한 한 명확히 기재하고14) 둘째, 규모가 큰 불확실한 위험에 대해서는 관리 가능한 소규모의 위험으로 분할하는 방법을 안출해 낸다.15)

2. 국제계약 유형

　국제거래는 매우 다양한 형태로 나타날 수 있으나, 국제거래와 관련된 대표적인 계약유형은 국제물품거래계약(Contract for Sale of Goods), 기술사용허락계약(Technical License

---

12) 이태희, 전게서, 7면 참조.

13) 이태희, 전게서, 5면.

14) Ralph H. Folsom et al., *supra* note 5, at 49; F.O.B, C.I.F 등의 거래조건을 계약서에 명시하고 그 거래조건을 INCOTERMS 등의 정의에 따르도록 명시하는 것이 그 예이다 (*Id.* at 49－50 참조).

15) *Id.* at 50. 신용장을 이용한 서면에 의한 거래(documentary transaction)에서 계약을 매매계약, 신용장계약, 선하증권계약 등으로 구분하여 체결하는 것이 그 대표적인 예다(*Id.* at 50).

Agreement), 해외직접투자(International Direct Investment)와 관련된 계약으로 구분할 수 있다. 국제물품거래는 동산에 관한 국제매매를 말하며, 주로 물품의 수출과 수입을 하기 위하여 체결하게 되는 계약이다. 국제물품거래는 거래의 당사자가 반드시 국경을 왕래하지 않아도 되며, 직접적인 해외의 자본투자도 필요하지 않은 거래 형태이다.16) 국제물품매매계약에 대해서는 국제물품매매에 관한국제연합협약(이하 '국제물품매매협약')이라는 매우 중요한 다자조약이 있는데, 우리나라도 동 협약에 가입하여 2005년 3월 1일부터 협약의 효력이 발생하게 되었다. 기술사용허락계약은 직접 물품의 수출입에 관한 것은 아니지만, 기술이 산업에서 차지하는 비중이 커지면서 각종 기술의 도입과 관련하여 빈번하게 체결되는 계약 유형이다. 해외직접투자는 개방경제하에서 기업은 전 세계를 무대로 가장 효율적으로 생산 또는 판매가 이루어질 수 있는 곳이 있다면 그 곳에 회사를 설립하거나 기업을 인수하는 경우에 사용되는 투자방식이며, 이를 위하여 합작투자회사를 설립하거나 영업양도 계약이 체결되기도 한다.

주의할 점은 이러한 유형의 거래가 독립적으로 이루어지기도 하지만, 다른 유형의 거래와 결합되어 일어나는 경우도 많다. 예컨대, 해외직접투자로서 합작투자회사를 설립하면서, 그 합작회사의 생산에 필요한 기술사용허락계약과 합작회사에서 생산에 소요되는 부품이나 합작회사에 생산한 상품에 대한 국제물품매매계약을 함께 체결하는 경우에는 각 유형의 계약이 다른 계약에 미치는 상호영향까지 고려하여야 할 필요가 있게 된다.

3. 국제거래와 변호사의 역할

국제거래에는 국내거래와 다른 특성이 있을 뿐 아니라 거래유형에 따른 국제관습 등에 관한 전문지식이 필요하므로, 국제거래에 대하여 전문성이 있는 대형 로펌, 특히 여러 나라에 지점이 있는 다국적 로펌이 대규모 거래에 관여하는 경우가 많을 뿐 아니라17), 다국적 기업들은 회사 내부에서 법률자문을 하는 다수의 사내변호사를 두어18), 거래와 협상을 하게 된

---

16) Ralph H. Folsom et al., *supra* note 5, at 40.

17) Daniel C.K. Chow and Thomas J. Schoenbaum, *supra* note 2, at 5-6.

다는 점에서 전문 변호사의 역할이 매우 중요하다. 변호사들은 국제거래와 관련하여 거래의 구조설정, 협상, 실행뿐만 아니라 국제거래와 관련된 지역, 국가, 구제적인 규범을 형성하는 데 있어서도 주도적인 역할을 하고 있다.[19] 국제거래를 자문하는 변호사에 대해서는 두 가지 사항이 중요한 문제가 되는데, 첫째 변호사의 전문성과 능력(competence)에 관한 것으로서 변호사가 해당분야 또는 해당 국가의 법률에 대해서 전문지식 등 충분한 자문 능력을 가지고 있는가 하는 점과 둘째, 윤리적인 문제로서 부패의 정도가 심하고 정부 관리에 대한 뇌물이 일상적인 국가에 대해서 변호사가 법적 자문을 하기 위한 윤리기준은 무엇인가 하는 점이다.[20] 또한 국제거래의 협상에 있어서 자문하는 변호사가 모든 국가의 법률과 그 해석에 대해서 전문성을 갖는 것은 사실상 불가능하므로, 거래 상대방 국가의 법률에 대해서 잘 알지 못할 경우 그 국가에 소재하는 현지 변호사나 다국적 로펌의 지점을 이용하게 된다.

---

18) Daniel C.K Chow and Thomas J. Schoenbaum, *supra* note 2, at 6.

19) Ralph H. Folsom et al., *supra* note 5, at 22.

20) Daniel C.K. Chow and Thomas J. Schoenbaum, *supra* note 2, at 6.

제 2 장

국제물품매매계약

1. 국제매매계약의 특징

국제물품매매계약은 매도인과 매수인의 영업장소가 각기 서로 다른 국가에 있는 경우에 체결되는 물품의 매매계약을 말한다.[21] 이러한 계약은 매매의 대상이 물품이라는 점에서, 계약이행상 매도인이 매수인에게 물품을 인도하려면 당해 물품에 대한 국제운송이 필연적이다. 따라서 운송 중 각종 사고나 위험에 대비하여 보험이 필요하게 된다. 또한 매도인은 대금 수령이 확실하지 않은 상태에서 물품의 운송을 위탁하지 않으려 할 것이며, 매수인도 물품을 수령하거나 하자를 확인하기 전에는 대금지급을 주저할 수밖에 없다.[22] 매도인의 주된 위험은 물건을 매도인에게 운송한 후에 매매대금의 지급을 받지 못하게 되는 것인데[23], 매도인은 매수인의 지급능력이나 신용상태에 대한 위험을 회피하고 매수인은 물품수령의 권한이 확보된 후에 대금의 지급하도록 하기 위한 수단으로서 상업신용장(letter of credit)을 이용하여 대금을 결제하는 방법을 사용하게 된다. 특히 과거의 거래관계가 전혀 없는 매매 당사자 사이에서는 상업신용장이 매우 유용한 제도가 된다. 또한 신용장을 이용하게 되면 물품의 운송 도중에 자금이 묶이는 문제도 해결할 수 있게 된다.[24]

이러한 점에서 국제물품매매계약은 그 이행과 관련하여 국제운송계약 및 보험이 관련되므로 운임 및 보험료를 매도인과 매수인 중 누가 부담하도록 할 것인지를 분명히 하여야 하며, 대금지급 방식으로 상업신용장을 이용할 경우 국제적으로 신용 있는 은행을 개설은행과 통지은행이 되도록 하여야 할 필요가 있다.

국제매매계약은 대금지급과 관련하여 외환의 상대적 가치가 계속 변동하고, 대금지급 시

---

21) 국제매매계약을 각기 다른 나라에 존재하는 매도인과 매수인 사이에서 물품을 대상으로 체결되는 매매계약이라고 하는 견해가 있는데(이태희, 전게서, 225면), 이러한 견해에 의하면 매도인과 매수인이 각기 다른 나라에 존재하더라도 사실상 주된 영업소가 동일한 국가에 존재하고 있는 경우에도 국제계약이라고 보아야 하는데, 그 경우에는 상이한 국가로의 물품의 운송 및 대금결제라는 국제물품매매계약의 전형적인 특색이 나타나지 않기 때문에, 매도인과 매수인의 '영업장소'가 상이한 국가에 있는지 여부를 기준으로 국제매매계약을 판단하는 것이 보다 적절하다고 본다. 국제물품매매에관한국제연합협약(CISG) 제1조 제1항도 영업소가 상이한 국가에 있는 것을 기준으로 동 협약의 적용범위를 결정하고 있다.

22) 이태희, 전게서, 225면 참조.

23) Ralph H. Folsom et al., *supra* note 5, at 49.

24) 이태희, 전게서, 225~226면 참조.

비용을 고려하면 대금지급 통화 및 지급장소에 있어서 매도인과 매수인의 이해관계가 상반되는 것이 일반적이므로 계약서에 지급통화의 종류와 환율변동에 따른 위험을 누가 담당할지에 대하여 명시하는 것이 필요하게 된다.[25]

현실적으로 국제매매계약이 체결되는 과정은 과거에 거래가 전혀 없었던 당사자 간인가 아니면 과거에 매매거래가 있었던 당자사자 간인 경우가 차이가 있다. 과거에 전혀 거래가 없었던 당사자 간인 경우에는 매수인이 매도인에게 구매를 원하는 수량에 대한 가격제시를 요청하면(requesting pro forma invoice), 매도인은 매수인에게 가격조건(pro forma invoice)을 송부하게 된다. 매수인이 가격조건에 만족하면 매도인에게 주문서(purchase order)를 보내고, 매도인은 주문서를 수령한 후 확인서(order acknowledgement)를 매수인에게 보낸다. 과거에 매매거래가 있었던 당사자 간에는 가격조건에 변동이 없는 한 매수인이 주문서를 발송하고 매도인이 확인서 발송으로 간단하게 국제매매계약이 체결된다.

2. 국제물품매매에 관한 국제연합협약

국제물품매매에 관한 국제연합협약(CISG)은 UNCITRAL(United Nations Commission on International Trade Law)이 기초한 다자조약으로서, 1980년 비엔나 외교회의에서 서명을 위하여 개방되었고, 협약의 발효에 필요한 10개국 이상이 비준함으로써 1988년 1월 1일에 발효되었다.[26] 우리나라는 동 협약의 서명국은 아니지만 2004년 2월 17일에 동 협약에 가입하였고, 2005년 3월 1일부터 협약이 발효하여 국내법과 동일한 효력을 갖게 되었다. 2006년 11월 27일 현재 동 협약의 체약국은 67개국이다.[27] 우리나라의 무역거래 관계의 비중이 큰 미국, 중국이 모두

---

25) Ralph H. Folsom et al., *supra* note 5, at 49.

26) *Id.* at 28.

27) 현재 국제물품매매에관한국제연합협약(CISG)의 체약국은 Argentina, Australia, Austria, Belarus, Belgium, Bosnia and Herzegovina, Bulgaria, Burundi, Canada, Chile, China, Colombia, Croatia, Cuba, Cyprus, Czech Republic, Denmark, Ecuador, Egypt, Estonia, Finland, France, Gabon, Georgia, Germany, Ghana, Greece, Guinea, Honduras, Hungary, Iceland, Iraq, Israel, Italy, Kyrgyzstan, Latvia, Lesotho, Liberia, Lithuania, Luxembourg, Mauritania, Mexico, Moldova, Mongolia, Netherlands, New Zealand, Norway, Paraguay, Peru, Poland, Republic of Korea,

체약국이며, 일본은 체약국이 아니다. 이 협약은 협약의 이행을 위한 국내입법이 없이도 협약의 적용을 받는 국제물품매매계약의 당사자 간에 직접 적용되는 점에서[28], 협약이 체약국만을 구속하고 협약의 이행을 위한 국내법의 제정이나 개정이 필요한 일반적인 국제조약과는 다르다. 협약은 크게 네 부분으로 구성되어 있는데, 제1편은 협약의 적용범위 및 총칙에 관한 규정이며, 제2편은 계약의 성립에 관한 규정이고, 제3편 매도인과 매수인의 의무에 관한 규정이며, 제4편은 최종규정으로서 각종 유보선언과 협약의 효력발생과 적용시점에 관한 규정이다. 이 중에서 제2편 계약의 성립과 제3편 계약당사자의 권리 의무에 관한 사항이 핵심적인 내용이라고 할 수 있다.

협약은 여러 측면에서 그 적용이 제한적이라는 특징을 갖고 있다. 첫째, 국제물품매매에만 적용된다. 둘째, 물품매매 중 상업적 매매에만 적용된다. 셋째, 매매와 관련된 모든 문제에 대해서 적용되는 것이 아니라 그중에 협약에 규정된 일부 사항에 대해서 적용된다. 넷째, 당사자는 협약의 적용을 배제할 수 있으며, 협약 규정의 효력을 변경할 수 있다.[29]

우리나라에서 국제물품매매계약에 관한 국제연합협약이 발효됨으로 인해, 향후 상사매매의 상당한 부분을 차지하는 수출입과 관련된 매매계약 중 매매당자자의 일방의 영업소가 우리나라에 있고 매매상대방의 영업소가 동 협약의 체약국내에 소재하는 국제매매의 경우에는 당사자가 합의로 다른 준거법을 정하거나 국제물품매매계약의 적용을 배제하지 않는 한 동 협약의 적용범위에 속하는 동산 매매계약에 대해서는 우리나라의 상법이 아닌 동 협약이 적용되게 된다.

(1) 협약의 적용범위

가. 협약의 적용 요건

협약이 적용되기 위해서는 물품매매계약의 당사자의 영업소(palace of business)가 상이한

Romania, Russian Federation, Saint Vincent and the Grenadines, Serbia, Singapore, Slovakia, Slovenia, Spain, Sweden, Switzerland, Syrian Arab Republic, Uganda, Ukraine, United States of America, Uruguay, Uzbekistan, Venezuela, Zambia 등 67개국이다. http://www.uncitral.org/uncitral/en/uncitral_texts/sale_goods/1980CISG_status.html, 2006. 11. 27. 최종 접속.

28) Ralph H. Folsom et al., *supra* note 5, at 48.

29) Vivica Pierre, *What Do Farmers Impliedly Warrant When They Sell Their Livestock: A Comparison of the Uniform Commercial Code, the Louisiana Civil Code, and the Vienna Convention on the Contracts for the International Sale of Goods*, 19 S.U.L.Rev. 357, 388 (1992).

국가에 있어야 하는 것이 전제되어야 한다.[30] 이러한 전제조건을 갖춘 경우에, 계약당사자들의 영업소가 소재하는 국가가 모두 체약국이거나[31] 국제사법 규정에 의하여 어느 체약국법이 적용되는 경우에 협약이 적용된다.[32]

나. 협약의 적용 배제

협약의 적용 요건을 갖추면, 협약은 자동적으로 적용된다. 다만, 계약의 당사자는 협약의 적용을 배제할 수 있다.[33] 계약당사자는 협약전부의 적용을 배제할 수도 있고, 협약 제12조를 제외하고는 협약의 규정의 일부의 적용을 배제하거나 그 효력에 변경을 가할 수 있다.[34] 당사자의 합의에 의한 협약의 전부 또는 일부의 적용의 배제를 인정하고 있다는 점에서, 협약의 적용에 있어서 당사자 자치의 원칙을 인정된다.[35] 또한 협약의 비준, 수락, 승인, 또는 가입 시 '국제사법 규정에 의하여 어느 체약국법이 적용될 경우에 협약이 적용된다'는 협약 제1조 제1항 (b)의 적용을 배제하는 선언을 할 수 있는데,[36] 이러한 선언을 한 국가에 대해서는 계약당사자의 영업소가 모두 체약국에 소재하여야만 협약이 적용되며, 계약당사자 중 일방의 영업소가 체약국이 아닌 국가에 소재하는 경우에는 협약이 적용되지 않는다. 미국과 중국은 이러한 선언을 한 대표적인 국가이며, 우리나라는 이러한 선언을 하지 않았다.

계약당자자의 국적이나 계약이나 당사자의 성격이 민사인지 상사인지 여부로 협약의 적용여부를 판단하는 것이 아니라[37] '영업소'가 상이한 국가에 있는지 여부를 전제로 협약의 적용여부를 판단하게 되는 것이 협약적용에 있어서 중요한 특징이다. 당사자가 복수의 영업소를 가진 경우에는 계약체결 전 또는 체결 시에 당사자들이 알고 있거나 고려한 사정을 고려하여 계약 및 그 이행과 가장 밀접한 관계가 있는 곳이 협약의 적용을 결정하는 영업소가 된다.[38] 또한

---

30) 협약 제1조.

31) 협약 제1조 제1항 (a).

32) 협약 제1조 제1항 (b).

33) 협약 제6조.

34) 협약 제6조.

35) 최준선, 국제거래법, 삼영사 (2005), 113면.

36) 협약 제95조.

37) 협약 제1조 제3항.

38) 협약 제10조 (a).

영업소가 없는 당사자의 경우에는 상거소(habitual residence)를 그의 영업소로 보게 된다.39)

다. 협약의 적용대상

협약이 적용되는 경우에도 협약은 매매계약의 성립과 그 계약으로부터 발생하는 매도인과 매수인의 권리의무에 관한 사항에만 적용된다.40) 계약의 유효성이나 계약의 특정조항의 유효성 또는 관행의 유효성에 대해서는 협약이 적용되지 않으며41), 계약이 매매로 인한 물품의 소유권에 미치는 효력에 대해서도 협약이 적용되지 않는다.42)

국제매매라고 하더라도 매매가 1) 개인용, 가족용, 또는 가정용으로 구매된 물품의 매매, 2) 경매에 의한 매매, 3) 강제집행 기타 법령에 의한 매매, 4) 주식, 지분, 투자증권, 유통증권 또는 통화의 매매, 5) 선박, 소형선박(vessels), 부선(hovercraft), 또는 항공기의 매매, 6) 전기의 매매 등에는 협약이 적용되지 않는다.43) 특히 개인용, 가족용 또는 가정용으로 구매된 물품의 매매의 경우, 계약의 체결 전 또는 체결 시에 매도인이 그러한 목적으로 사용되기 위한 사실을 알았거나 알았어야 했다면 개인용, 가족용, 가정용 물품매매인 경우라도 협약이 적용된다.44)

라. 협약의 효력발생시기와 협약의 적용

계약당사자의 영업소가 있는 국가가 모두 체약국인 경우라도, 그 국가가 협약에 가입한 시점이 서로 다른 경우에는 협약의 효력발생시가 상이하게 된다. 이러한 경우에 협약의 적용여부는 계약의 성립문제에 관한 사항과 매매계약 당사자의 권리의무에 관한 사항인지 여부에 따라 다른 기준에 의하여 결정된다. 계약의 성립문제에 관해서는 매매의 '청약시'에 국제매매계약의 적용요건인 당사자의 영업소가 있는 모든 체약국(협약 제1조 (a)) 또는 국제사법 규정에 의하여 적용되는 체약국(협약 제1조 (b))에서 협약의 효력이 발생하여야만 협약이 적용된다.45) 당사자의 권리의무에 관한 사항은 '계약성립시'에 당사국인 모든 체약국 또는 국

---

39) 협약 제10조 (b).

40) 협약 제4조.

41) 협약 제4조 (a).

42) 협약 제4조 (b).

43) 협약 제2조.

44) 협약 제2조 (a) 단서.

제사법 규정에 의하여 적용되는 체약국에서 협약의 효력이 발생하여야만 협약이 적용된다.[46] 매매계약의 성립문제에 관한 협약의 규정이 적용되기 위해서는, 청약의 효력은 상대방에게 도달한 때에 발생하므로[47] 매매당사자 쌍방의 영업소가 서로 다른 체약국에 있기 때문에 협약이 적용되는 경우에는 청약이 상대방에게 도달할 때 양 체약국에서 모두 협약이 발효되어 있어야 하며, 국제사법 규정에 의하여 어느 체약국법이 적용되는 것에 근거해서 협약이 적용되는 경우에는 청약이 상대방에게 도달할 때 그 체약국에서 협약이 발효되어야 한다. 매매계약 당사자의 권리 의무에 관한 사항에 협약이 적용여부를 판단함에 있어서 계약의 성립시점 결정이 중요하다. 계약의 성립시점은 승낙의 효력이 발생한 시점이므로[48] 승낙의 효력이 발생하는 시점에 매매당사자 쌍방의 영업소가 서로 다른 체약국에 있기 때문에 협약이 적용되는 경우에는 승낙의 효력 발생 시에 양 체약국에서 모두 협약이 발효되어 있어야 하며, 국제사법 규정에 의하여 어느 체약국법이 적용되는 것에 근거해서 협약이 적용되는 경우에는 승낙의 효력 발생 시에 그 체약국에서 협약이 발효되어야 한다.

마. 매수인이 재료를 공급한 주문생산계약 및 매매와 서비스가 결합된 계약

협약은 국제물품매매계약에 적용되므로, 물품을 거래하더라도 매매로 볼 수 없는 경우에는 협약이 적용되지 않는다. 매매인지 여부가 불분명할 수 있는 경우에 대해서 협약에서 명시적 규정을 두고 있다. 주문생산계약인 물품을 제조 또는 생산하여 공급하는 계약은 이를 매매로 본다.[49] 그러나 물품을 주문한 당사자가 그 제조 또는 생산에 필요한 재료의 중요부분(substantial part)을 공급하는 경우에는 매매로 보지 않는다.[50] 매수인이 매도인에게 제조 또는 생산에 필요한 재료의 중요부분을 공급하는 경우에는, 물품의 매매계약이라기보다는 서비스 또는 노무의 공급계약에 가깝기 때문에 물품매매계약에만 협약을 적용하려는 취지상 협약의 적용범위에서 제외한 것이다.[51] 또한 물품을 공급하는 당사자의 의무의 주된 부분이

---

45) 협약 제100조 제1항.

46) 협약 제100조 제2항.

47) 협약 제15조 제1항.

48) 협약 제23조.

49) 협약 제3조 제1항 본문.

50) 협약 제3조 제1항 단서.

51) Secretariat Commentary on article 3 of the 1978 Draft, comment 4.

노무 그 밖의 서비스를 공급하는 것인 경우에는 협약이 적용되지 않는다.[52] 이러한 문제는 물품매매와 함께 서비스나 노무도 제공하기로 하는 경우에 발생하는데, 기계장비의 매매와 함께 기계의 설치나 설치의 감독까지 매도인이 하기로 하는 경우가 그에 해당하며, 이러한 경우에 매도인의 의무의 중점이(preponderant part) 매매보다 노무 기타 서비스의 제공에 있다면 협약이 적용되는 않는다.[53] 물품매매와 노무 기타 서비스의 제공이 동일한 계약서에 의해서 이루어진 경우에, 매매계약과 노무 기타 서비스 제공계약이라는 두 개의 별개의 계약이 체결된 것인지 하나의 계약체결된 것인지에 대해서 협약에서는 규정하고 있지 않고 있으므로, 이 문제는 당해 사항에 대해서 적용되는 준거법인 국내법에 의하여 결정된다.[54]

바. 사람의 생명 또는 신체에 대한 제조물책임의 적용배제

협약은 물품으로 인한 사람의 사망 또는 상해에 대한 매도인의 책임에 대해서는 적용되지 않는다.[55] 이는 제조물책임 중 중요한 부분인 사람의 생명 또는 신체에 대한 손해에 대한 책임에 대해서 협약이 적용되지 않는다는 것을 규정한 것일 뿐이며, 계약에서 예정된 용도로 물품을 사용하였으나 계약에 부합하지 않는 물품의 결함으로 인하여 매수인의 기대에 반하여 발생한 재산상의 손해에 대해서는 협약이 적용된다고 해석하는 것이 타당하다.[56] 그러나 물품의 결함으로 인한 재산상 손해에 대해서 협약이 적용되는 것은 계약관계의 당사자인 매수인이 매도인에게 손해를 청구하는 경우에 한하며, 매수인과 직접적인 계약관계가 없는 제조자 또는 유통업자를 상대로 제조물책임에 의한 손해를 청구하는 경우에는 협약이 적용되지 않는다.[57] 협약에 의한 청구와 경합하여 불법행위 소송을 제기할 수 있는지 여부는 준거법에 의해서 결정되어야 할 문제로 보는 견해가 있다.[58]

---

52) 협약 제3조 제2항.

53) Secretariat Commentary on article 3 of the 1978 Draft, comment 2.

54) Secretariat Commentary on article 3 of the 1978 Draft, comment 3.

55) 협약 제5조.

56) Peter Schlechtriem, *Uniform Sales Law – The UN-Convention on Contracts for the International Sale of Goods* (Manz, Vienna, 1986), pp.34-35. J. Honnold, *Uniform Law for International Sales*, art. 5, No.73 (1982) 참조.

57) John O. Honnold, *Uniform Law for International Sales under the 1980 United Nations Convention*, 3rd ed. (1999), p.71. "협약은 …… [매매]계약으로부터 발생하는 매도인과 매수인의 권리와 의무만을 규율한다"(협약 제4조).

(2) 계약의 성립문제

가. 계약의 성립요건

계약은 청약과 이에 대한 승낙이 있으면 성립한다. 계약이 성립하는 시점은 청약에 대한 승낙이 협약에 따라 효력을 발생하는 때이다.[59] 계약의 성립에 영미법에서 요구되는 약인은 요건이 아니다. 협약은 계약이 성립하는 시기에 대해서만 규정하고, 계약이 성립하는 장소에 대해서는 명시하고 있지 않는데, 그 이유는 협약상 계약체결지가 협약의 적용에 영향을 미치는 규정이 전혀 없기 때문이다.[60] 그러나 실제로 법체계에 따라서는 협약 제23조에서 계약의 성립 시점을 명시한 것이 계약체결지를 정하는 데 결정적인 것으로 해석될 수도 있으나,[61] 계약체결지의 결정은 협약의 해석 문제는 아니다.[62]

나. 청 약

청약이 되기 위해서는 1인 또는 그 이상의 특정인에 대한 계약체결의 의사가 충분히 확정적이고, 그에 대한 승낙 시 그에 구속된다는 청약자의 의사가 표시되어 있어야 한다.[63] 청약의 대상인 물건, 수량과 가격이 명시된 경우에는 청약의 내용이 충분히 확정적이라 볼 수 있다. 협약은 청약의 대상인 물건의 수량과 가격에 대해서는 확정된 수량과 가격을 명시적으로 기재하는 경우 외에도 묵시적으로 지정하는 경우도 인정하고 있을 뿐 아니라, 수량과 가격을 결정하기 위한 기준에 대한 규정을 두고 있는 경우에도 청약의 내용이 확정적이라고 본다.[64] 따라서 품질과 가격을 일정한 범위로만 정하고 특정하지 않은 경우에도 품질과 가격을 결정

---

58) Peter Schlechtriem, *Uniform Sales Law – The UN–Convention on Contracts for the International Sale of Goods* (Manz, Vienna, 1986), p.35.

59) 협약 제23조.

60) Secretariat Commentary on article 21 of the 1978 Draft, comment 2.

61) *Id.*

62) E. Allan Farnsworth, in Bianca–Bonell Commentary on the International Sales Law, Giuffrè: Milan (1987), p.199.

63) 협약 제14조 제1항 전문.

64) 협약 제14조 제1항 후문.

할 수 있는 규정을 묵시적으로 둔 것으로 보아 청약의 의사표시는 충분히 확정적이라고 해석할 수 있다.[65] 또한 특정인이 아닌 불특정인에 대한 제안은 그 제안자가 반대의사를 명확히 표시하지 않은 한 청약의 유인으로 본다.[66]

청약은 상대방에게 도달한 때 효력이 발생하므로[67], 청약의 효력발생 시기에 대해서는 도달주의가 적용된다. 청약을 철회하려면, 청약이 도달하기 전 또는 도달함과 동시에 청약을 철회(withdrawal)하는 의사표시가 상대방에게 도달하여야 한다.[68] 취소불가능한(irrevocable) 청약이라 하더라도 이러한 청약 철회의 요건을 갖추는 한 청약을 철회할 수 있다.[69]

일단 청약의 효력이 발생하였더라도, 계약이 성립되기 전에는 청약의 상대방이 승낙의 통지를 '발송'하기 전에 청약취소의 의사표시가 청약의 상대방에게 '도달'하는 한 청약자는 청약을 취소할 수 있는 것이 원칙이다.[70] 다만, 1) 청약에 승낙기간을 명시하거나 기타 방법으로 청약이 취소할 수 없는 것임을 청약에 표시한 경우[71]와 2) 청약이 취소불가능한 것임을 청약의 상대방이 신뢰하는 것이 합리적이라는 요건과 청약의 상대방이 그 청약을 신뢰하여 행동하였다는 요건을 모두 갖춘 경우[72]에는 청약은 취소할 수 없다.[73]

청약은 청약의 거절의 의사표시가 청약자에게 도달할 때 효력이 상실된다.[74] 이점은 취소불가능한 청약에 있어서도 동일하다.

다. 승 낙

청약에 대한 동의를 표시하는 상대방의 진술 기타 행위는 승낙이 된다.[75] 그러나 청약에 대

---

65) UNILEX Cases, Date: 10.11.1994, Country: Austria, Number: 2 Ob 547/93, Court: Oberster Gerichtshof, Parties: M. v. K.
66) 협약 제14조 제2항.
67) 협약 제15조 제1항.
68) 협약 제15조 제2항.
69) 협약 제15조 제2항.
70) 협약 제16조 제1항.
71) 협약 제16조 제2항 (a).
72) 협약 제16조 제2항 (b).
73) 협약 제16조 제2항.
74) 협약 제17조.
75) 협약 제18조 제1항.

해서 침묵하거나 아무런 행동을 하지 않는 경우에는 그 자체만으로는 승낙이 되지 않는다.[76]

승낙은 그 의사표시가 상대방에게 도달하는 시점에 효력이 발생하므로[77], 도달주의에 의한다. 승낙의 의사표시는 청약자가 승낙기간을 정한 경우에는 그 기간 내에 승낙이 청약자에게 도달하여야 효력이 발생하며, 승낙기간을 지정하지 아니한 경우에는 청약자가 사용한 통신수단의 신속성 등 거래의 상황을 적절히 고려하여 합리적인 기간 내에 도달하여야 효력이 발생한다.[78] 또한 구두의 청약은 특별한 사정이 없는 한 즉시 승낙되어야 한다.[79] 승낙의 의사표시 없어도 승낙의 효력이 인정되는 경우가 있는데, 청약에 의하거나 당사자 간의 확립된 관례나 관행의 결과로 청약에 대한 승낙의 통지 없이 물품의 발송이나 대금지급 등의 행위를 함으로써 동의를 표시할 수 있는 경우에는 그러한 행위가 있는 시점에 승낙의 효력이 발생한다.[80] 이 경우에도 승낙의 의사표시를 하는 경우와 마찬가지로 청약기간 내 또는 합리적인 기간 내에 물품의 발송이나 대금지급 행위를 하여야 한다.[81]

라. 청약에 변경을 가한 승낙

1) 협약의 내용

협약은 청약에 조건을 부가하거나 제한 또는 변경을 가한 승낙(이하 '청약에 변경을 가한 승낙'이라 함)은 청약을 거절하고 새로운 청약을 한 것이 되는 것이 원칙으로 규정하고 있으나,[82] 이러한 원칙에 대한 예외도 규정하고 있어서 실제로는 청약에 변경을 가한 승낙은 그러한 변경사항이 "청약의 조건을 실질적으로 변경(materially alter the terms of the offer)"하는지 여부에 따라 그 효력이 달라진다.

먼저, 청약의 조건을 실질적으로 변경하지 않은 경우에는 청약에 변경을 가한 승낙이라도 유효한 승낙이 된다.[83] 다만, 청약자가 부당한 지체 없이 구두로 불일치에 대하여 이의를 제

---

76) 협약 제18조 제1항 후문.

77) 협약 제18조 제2항 1문.

78) 협약 제18조 제2항 2문.

79) 협약 제18조 제2항 3문.

80) 협약 제18조 제3항 본문.

81) 협약 제18조 제3항 단서.

82) 협약 제19조 제1항.

83) 협약 제19조 제2항.

기하거나 그러한 취지의 통지서를 발송한 경우에는 유효한 승낙이 되지 않는다.[84] 청약자가 이의를 제기하지 않아서 청약에 변경을 가한 승낙이 유효한 승낙이 되는 경우에는, 승낙에 의하여 변경이 가해진 조건이 계약의 내용이 된다.[85]

다음으로, 청약의 조건을 실질적으로 변경하는 청약의 경우에는 청약에 변경을 가한 승낙의 효력에 대한 원칙이 적용되므로, 청약을 거절하고 새로운 청약을 한 것으로 보게 된다.[86]

결론적으로, 청약의 조건을 실질적으로 변경하지 않는 승낙의 경우에는 승낙에 의하여 계약이 성립하게 되며, 계약내용에는 청약에 변경을 가한 승낙의 조건이 포함된다. 청약의 조건을 실질적으로 변경한 승낙은 청약을 거절한 것이 되므로, 청약자가 청약에 변경을 가한 승낙에 대하여 승낙을 하지 않는 한 계약이 성립되지 않게 된다.

청약에 실질적으로 변경을 가한 것인지 여부에 따라 승낙의 효력이 차이가 있으므로, 협약은 가격, 대금지급, 물품의 품질 및 수량, 인도 장소 및 시기, 일방 당사자의 상대방에 대한 책임의 범위, 분쟁해결 방법 등에 관한 사항을 청약의 조건을 실질적으로 변경하는 사항으로 명시하고 있다.[87] 명시된 사항은 예시된 것이므로 그 외의 사항이라도 청약의 조건을 실질적으로 변경하는 사항이 될 수 있다.

2) 협약과 미국 UCC 및 우리나라 법과의 비교[88]

청약에 변경을 가한 승낙에 대한 효력은 협약과 미국 UCC 그리고 우리나라 민법의 경우에 그 취급에 있어서 차이가 있다. 협약은 당사자의 의사로 그 전부 또는 일부의 적용을 배제하는 것이 허용되므로, 계약의 당사자가 협약을 배제하고 준거법을 협약을 제외한 미국법으로 지정하거나 우리나라의 법을 지정하는 것도 가능하다. 또한 계약체결 시 각국의 법상의 효력을 감안하여 준거법을 지정하는 것이 필요할 수도 있으므로 협약과 미국 UCC 및 우리나라 민법상 청약에 변경을 가한 승낙의 효력을 비교하는 것이 의미가 있다.

미국 UCC에서는 청약에 변경을 가한 승낙의 경우에 계약의 성립여부와 변경을 가한 조건

---

84) 협약 제19조 제2항.

85) 협약 제19조 제2항 후문.

86) 협약 제19조 제1항.

87) 협약 제19조 제3항.

88) Sung-Seung Yun, *Additional Terms and Warranties under the U.N. Convention on Contract for the International Sale of Goods(CISG)*, Korean Yearbook of International Law vol. 4 (2004), pp.206-211 참조.

이 계약의 내용에 포함되는지를 구분하여 규정하고 있다. 우선 청약에 변경을 가한 승낙의 경우에도 승낙으로서 효력이 발생하므로[89], 계약은 유효하게 성립한다. 다만, 승낙에서 부가된 조건 또는 변경된 조건에 대하여 청약자의 동의가 필요한 것을 조건으로 명시하고 있는 경우에는 그렇지 아니하다.[90] 따라서, 청약에 변경을 가한 승낙은 청약에 중대한 변경을 가한 것인지 그렇지 않은 것인 여부를 불문하고 유효한 승낙이 되므로 계약이 성립하게 된다.

그러나 청약에 변경을 가한 사항이 성립된 계약의 내용에 포함되는지 여부는 계약의 쌍방이 상인인지 아니지 여부에 따라 달라진다. 상인 간의 계약이 아닌 경우에는 청약에 변경을 가한 승낙은 계약에 조건을 추가하려는 제안이 된다.[91] 청약자가 그러한 추가 제안에 승낙하지 않는 한 청약에 변경을 가한 승낙은 계약내용이 되지 않는다. 상인 간에 있어서 청약에 변경을 가한 승낙이 계약내용에 포함되는지 여부는 승낙이 청약에 중대한 변경을 가한 것인지 여부에 따라 달라진다. 승낙이 청약에 중대한 변경을 가하지 않은 경우에는 청약에 변경을 가한 내용이 계약 내용에 포함된다.[92] 그 외에도 청약에서 명시적으로 청약의 조건을 그대로 받아들이는 것을 승낙으로 한정한 경우 또는 변경을 가한 조건에 대한 이의제기를 받은 경우에는 청약에 변경을 가한 사항은 계약의 내용이 되지 못한다.[93]

민법은 청약에 변경을 가한 승낙은 청약을 거절하고 새로운 청약을 한 것으로 본다.[94] 청약에 변경을 가한 승낙은 승낙으로서 효력이 없으므로 청약자가 새로운 조건에 대하여 다시 승낙하지 않는 한 계약은 성립하지 않는다. 민법은 변경된 조건이 청약에 중대한 변경을 가한 사항인지 여부도 구별하지 않고 있으며, 계약이 상인 간인지 비상인 간인지 여부도 구별하지 않고 일률적으로 청약의 거절과 새로운 청약으로 본다. 미국도 UCC가 제정되기 전에 보통법에서는 mirror image rule에 의하여 청약에 변경을 가한 승낙은 청약의 거절과 새로운 청약으로 보았으나, UCC에서는 mirror image rule을 변경한 것이다.[95]

협약은 승낙에서 청약에 변경을 가한 사항이 중대한 변경인지 여부에 따라 승낙의 효력을 구별하고 있는 점에서는 미국의 UCC와 구조상 유사하나, 협약에서는 청약에 중대한 변경을

---

89) UCC § 2-207 (1) (2001).

90) *Id.*

91) UCC § 2-207 (2) (2001).

92) UCC § 2-207 (2) (2001).

93) *Id.*

94) 민법 제534조.

95) Richard E. Speidel at al., Sales, West Group (2002), p.508.

가한 승낙의 경우에는 승낙자체의 효력을 부인하여 계약자체가 성립되지 않지만 UCC에서는 그러한 경우에도 승낙은 유효하여 계약은 성립하고 다만 계약 내용에는 변경된 사항이 포함되지 않을 뿐이다. 전체적으로 비교해 볼 때, 미국 UCC는 청약에 변경을 가한 승낙의 경우에도 계약의 성립을 용이하게 인정하고 있지만, 협약의 경우에는 청약에 중대한 변경을 가하지 않는 경우에만 계약의 성립을 인정한다. 민법의 경우에는 청약에 변경을 가한 경우에는 변경내용이 중대한 변경이 아닌 경우에도 계약이 성립되지 않는다. 국제물품매매계약에 관한 분쟁발생 시 계약상 의무이행을 거부하는 당사자는 계약의 성립자체를 부인하는 것이 가장 근본적이 방어수단이 될 수 있다는 점에서, 계약의 성립문제는 중요한 쟁점사항이 될 가능성이 높다. 이러한 점에서 계약체결 시 적용되는 준거법에 따라 청약에 변경을 가한 승낙에 대한 계약성립 가능성이 차이가 있을 수 있음에 고려하여야 한다.

Comparison of the Additional Terms
청약에 변경을 가한 승낙 비교

미국 UCC	한국 민법	CISG
-UCC 2-207 -승낙의 효력: 유효한 승낙 -계약의 성립 -계약의 내용: 商人間: 청약에 중대한 변경을 가한 것이 아닌 경우(not materially altered), 변경된 내용이 계약의 내용이 됨 非商人間: 변경된 내용은 계약에 추가하기 위한 제안(proposal)에 불과, 계약내용이 되기 위해서는 별도 승낙이 필요	-민법 제534조 -승낙의 효력: 청약의 거절 및 새로운 청약 -계약 불성립 -商人間 또는 非商人間 구별 없음	-CISG Art. 19 -승낙의 효력 중대한 변경을 가한 경우 (materially altered terms): 청약의 거절 및 새로운 청약 ⇨ 계약 불성립 중대한 변경을 가하지 않은 경우 (not materially altered terms): 청약자가 즉시 이의를 제기하지 않는 한 유효한 승낙이 됨. ⇨ 계약 성립 (변경된 내용이 계약내용) -가격. 대금지급, 품질 및 수량, 인도 장소 및 시기, 상대방의 책임범위, 분쟁해결방법 등 중대한 변경사항 예시됨

마. 승낙기간의 계산

청약자가 전보나 서신에서 승낙기간을 지정한 경우, 승낙기간은 전보가 발송을 위하여 교부된 시점 또는 서신에 표시되어 있는 일자로부터 기산한다.[96] 서신의 경우, 서신에 일자가 표시되지 아니한 경우에는 봉투에 표시된 일자로부터 승낙기간을 기산한다.[97] 서신의 경우 승낙기간의 기산점을 서신에 표시된 일자를 우선의 기준으로 하고 봉투에 표시된 일자는 후순위의 기준으로 한 이유는 청약의 상대방은 봉투는 버리더라도 서신을 보유하고 있을 수 있으며 청약자는 서신의 사본을 보관하는 경우는 있어서 서신의 봉투에 기재된 일자의 기록은 보관하지 않는 것이 일반적이기 때문이다.[98]

청약자가 전화, 텔렉스 기타 동시적 통신수단에 의하여 지정한 승낙기간은 청약이 상대방에게 도달한 시점으로부터 기산한다.[99]

승낙기간 중에 공휴일 또는 비영업일이 포함되어 있더라도 다른 날과 같이 승낙기간의 계산에 산입하지만[100], 기간의 말일이 청약자의 영업소 소재지에서 공휴일 또는 비영업일이기 때문에 승낙의 통지가 기간의 말일에 청약자에게 도달될 수 없는 경우에는 승낙기간은 그 다음의 최초 영업일까지 연장된다.[101] 승낙기간의 말일이 공휴일이나 비영업일인 경우라도 특별한 수단에 의하여 승낙의 통지를 전달할 수도 있으나, 청약을 전달하는 방법과 동일 또는 유사한 방법으로 전달할 수 없는 경우에는 그 다음의 최초 영업일까지 승낙기간이 연장된다고 보는 것이 타당하다.[102]

바. 연착된 승낙

연착된 승낙은 청약자가 상대방에게 지체 없이 승낙으로서 효력을 가진다는 취지를 구두

---

96) 협약 제20조 제1항 전문.

97) *Id.*

98) Secretariat Commentary on article 20of the 1978 Draft, comment 3.

99) 협약 제20조 제1항 후문.

100) E. Allan Farnsworth, in Bianca-Bonell Commentary on the International Sales Law, Giuffrè: Milan (1987), p.186.

101) 협약 제20조 제2항.

102) E. Allan Farnsworth, in Bianca-Bonell Commentary on the International Sales Law, Giuffrè: Milan (1987), p.187.

로 통고하거나 서면으로 통지를 발송하는 경우에는 승낙으로 효력이 있다.103) 연착된 승낙
이 포함되어 있는 서신 또는 서면에 의하여 전달이 정상적이었다면 기간 내에 청약자에게
도달하였을 상황에서 승낙이 발송되었다고 인정되는 경우에는, 그 연착된 승낙은 승낙으로서
효력이 있다.104) 다만, 청약자가 상대방에게 지체 없이 청약이 실효되었다는 취지를 구두로
통고하거나 서면으로 통지를 발송하는 경우에는 승낙으로서 효력이 없다.105)

사. 청약과 승낙 등의 전달

청약과 승낙 기타 의사표시는 구두나 그 밖의 방법으로 상대방 본인에게 직접 전달되거나
상대방의 영업소 또는 우편주소에 전달된 때 상대방에게 도달된다.106) 그러나 상대방이 영
업소나 우편주소가 없는 경우에는 상대방의 상거소(habitual residence)에 전달된 때에 도
달한 것이 된다.107) 이는 의사표시가 발송된 때가 아닌 전달된 때에 '도달'한 것으로 본다
는 점에서 의사표시의 도달주의를 명시한 조항이다.108) 의사표시가 영업소, 우편주소, 상거
소 등에 전달되어서 도달한 것으로 인정되는 경우에는, 상대방이 도달사실을 알지 못하였
다 하더라도 도달의 효력이 발생한다.109) 상대방에게 직접 전달하는 경우에는 장소의 제한
이 없으므로 상대방의 영업소 이외의 장소에서도 전달가능하며 호텔이나 기타 상대방이 소
재하는 곳이라면 직접 전달할 수 있다.110) 직접 전달은 수령권한이 있는 대리인에게 전달
하는 것을 포함하나, 수령권한이 있는 대리인이 있는지 여부는 적용되는 준거법에 의하여
결정된다.111)

---

103) 협약 제21조 제1항.

104) 협약 제21조 제2항 본문.

105) 협약 제21조 제2항 단서.

106) 협약 제24조.

107) 협약 제24조.

108) Secretariat Commentary on article 24 of the 1978 Draft, comment 1.

109) Secretariat Commentary on article 24 of the 1978 Draft, comment 4.

110) Secretariat Commentary on article 24 of the 1978 Draft, comment 5.

111) Secretariat Commentary on article 24 of the 1978 Draft, comment 6.

아. 계약의 방식

　매매계약은 서면에 의할 것이 요구되지 않고 특별한 방식에 의할 필요도 없으므로[112] 원칙적으로 불요식의 낙성계약이다.[113] 계약의 입증에 있어서도 증인 기타 어떠한 방식에 의해서도 입증이 허용되며 제한이 없다.[114] 또한 협약의 적용상 서면에는 전보와 텔렉스가 포함된다.[115]

　그러나 체약국의 국내법상 매매계약은 반드시 서면으로 체결되거나 서면으로 입증하도록 요구하고 있는 경우, 계약의 체결, 변경, 종료나 청약, 승낙 기타 의사표시를 서면 이외의 방법으로 할 수 있도록 허용하고 있는 협약 제11조, 제29조, 또는 협약 제2편의 규정은 일방 당사자의 영업소가 당해 국가에 소재하는 경우에 그 국가가 이러한 조항은 적용되지 않는다는 협약 제96조에 따른 유보선언[116]을 하면 적용되지 않는다.[117] 이러한 유보선언은 시기상 제한이 없으므로[118], 협약 기탁서를 제출한 이후에도 할 수 있다. 당사자는 협약 제12조에서 허용하고 있는 96조의 유보선언을 할 수 없도록 배제하거나 유보선언의 효과를 변경할 수 없다.[119] 일정한 경우에 반드시 서면으로 하도록 요구하는 것은 당해 국가의 공서양속에 관한 문제가 될 수도 있으므로, 협약 제12조에 대해서는 당사자 자치의 원칙을 배제하고 있는 것이다.[120] 미국은 사기방지법 원칙(statute of frauds)이 있음에도 불구하고[121], 제12조와 제96조에 따른 유보선언을 하지 않았다. 따라서 미국의 경우 국내법만 적용될 경우 사기방지

---

112) 협약 제11조.

113) 최준선, 국제거래법, 삼영사 (2005), 128면.

114) 협약 제11조.

115) 협약 제13조

116) 현재 96조의 유보선언을 한 국가는 Argentina, Armenia, Belarus, Chile, Estonia, Hungary, Latvia, Lithuania, Paraguay, Russian Federation and Ukraine 등이다. 중국은 96조의 문언과 동일한 유보선언을 하지는 않았으나, 협약 제11조와 협약 제11조의 내용과 관련된 협약의 규정에 구속되지 않는다는 선언을 하였다. (http://www.uncitral.org/uncitral/en/uncitral_texts/ sale_goods/1980CISG_status.html, 2006. 12. 4. 최종 접속)

117) 협약 제12조, 제96조.

118) 협약 제96조.

119) 협약 제12조.

120) Secretariat Commentary on article 12 of the 1978 Draft, comment 3.

121) UCC § 2-201 (1)에서는 $500 이상의 물품매매계약에서는 서면으로 1) 당사자 간에 계약이 체결되었다는 사실과 2) 계약이행을 요구받는 당사자가 서명을 하지 않은 경우에는 이행을 청구할 수 없도록 하고 있는 사기방지법(Statute of Frauds)에 관한 사항을 규정하고 있다.

법 원칙이 적용될 수 있는 매매의 경우에도, 국내법이 아닌 협약이 적용될 경우에는 서면에 의하지 않은 계약도 유효하게 된다.

(3) 계약당사자의 권리 및 의무

가. 물품의 매매에 관한 총칙

당사자 간의 권리 및 의무에 관한 사항을 규정하기 전에 물품매매에 효력과 관련한 일반적인 사항을 협약 제3편 총칙에 규정하고 있다.

1) 계약의 본질적 위반

협약에서는 매도인과 매수인의 구제수단[122]과 위험부담의 이전[123]과 관련하여 계약의 본질적 위반이 있었는지가 중요한 사항이 된다.[124] 협약은 본질적 계약위반에 대하여 정의하고 있는데, 당사자 일방의 계약 위반은 상대방이 계약에서 기대할 수 있는 바를 실질적으로 박탈할 정도의 손실을 상대방에게 주는 경우에 본질적 계약위반이 된다.[125] 그러나 위반 당사자가 그러한 결과를 예견하지 못하였고 동일한 부류의 합리적인 사람도 동일한 상황에서 그러한 결과를 예견하지 못하였을 경우에는 본질적 계약위반이 되지 않는다.[126]

2) 계약해제의 의사표시

계약해제의 의사표시는 계약 상대방에 대한 통지로 행해진 경우에만 효력이 있다.[127] 계약해제는 상대방에게 중대한 결과를 초래하므로, 계약 해제의 상대방은 물품이 아직 인도되지

---

122) 협약 제46조 제2항, 제48조 제1항, 제49조 제1항 (a), 제51조 제2, 제64조 제1항 (a), 제72조, 제73조 제1항, 제73조 제2항.

123) 협약 제70조.

124) Secretariat Commentary on article 10 of the 1978 Draft, comment 2.

125) 협약 제25조 본문.

126) 협약 제25조 단서.

127) 협약 제26조.

않은 경우에는 제조, 포장, 운송 등의 중단의 조치를 취하거나 물품이 이미 인도된 경우에는 그 반환 또는 적절한 처분의 방안 강구 등을 할 필요가 있다.[128] 이러한 이유로 계약해제의 의사표시는 '계약 상대방'에 대하여 통지한 경우에만 효력을 인정하는 것이다.[129] 계약해제 의사표시 전에 해제의사의 사전통지는 요구되지 않으며[130], 해제의 의사표시는 구두나 서면으로 할 수 있으며 전달방법의 제한은 없다.[131] 또한 당해 상황에서 적절한 전달방법을 선택하였으면 통신의 전달지연 또는 오류가 있더라도 계약해제의 의사통지의 효력은 유효하다.[132]

3) 특정이행 명령

당사자 일방이 상대방에게 협약에 따라 의무이행을 요구할 수 있는 경우에도, 협약이 적용되지 않는 유사한 매매계약에 관하여 자국법에 따라 특정이행을 명하는 판결을 하여야 하는 경우가 아니면 법원은 특정이행을 명하는 판결을 할 의무가 없다.[133] 국가에 따라서는 특정한 형태의 특정이행만 허용하는데, 그러한 국가에 대해서 협약에 의하여 사법절차의 근본 원리를 변경하도록 하는 것은 타당하지 않다.[134] 따라서 협약은 협약이 적용되지 않는 유사한 매매 계약, 예컨대 국내매매계약에서 법원이 특정이행을 명할 권한이 없는 경우에는 특정이행을 명할 의무가 없도록 규정하고 있는 것이다.[135] 유사한 계약에 대해서 자국법상 특정이행을 허용하고 있는 국가의 경우에는 특정명령을 이용할 수 있는 상대방은 그의 선택에 의해서 법원에 의한 특정명령이라는 구제수단을 사용할 수 있게 된다.[136]

4) 계약의 변경 또는 종료방식

계약은 당사자의 합의만으로 변경 또는 종료할 수 있으며, 특별한 방식이 요구되지 않는

---

128) Secretariat Commentary on article 24 of the 1978 Draft, comment 1.

129) Secretariat Commentary on article 24 of the 1978 Draft, comment 2.

130) Secretariat Commentary on article 24 of the 1978 Draft, comment 3.

131) Secretariat Commentary on article 24 of the 1978 Draft, comment 4.

132) 협약 제27조; Secretariat Commentary on article 24 of the 1978 Draft, comment 4.

133) 협약 제28조.

134) Secretariat Commentary on article 28 of the 1978 Draft, comment 3.

135) Secretariat Commentary on article 28 of the 1978 Draft, comment 3.

136) Secretariat Commentary on article 28 of the 1978 Draft, comment 4.

것이 원칙이다.137) 그러나 서면계약에서 합의에 의한 계약 변경 또는 종료는 서면으로 하여
야 한다는 규정이 있을 경우에는 서면에 의해서만 계약을 변경 또는 종료시킬 수 있다.138)
서면에 의한 변경만 허용하는 합의된 규정이 있는 경우에도 일방 당사자가 구두에 의한 변
경을 허용하는 등의 행위를 하였다면 상대방이 자신의 행동을 신뢰한 한도까지는 그 당사자
는 그러한 규정을 원용할 수 없다.139)

나. 매도인의 의무

매도인의 주된 의무로는 계약과 협약에 따라 물품을 인도할 의무, 물품인도와 관련된 문서를
교부할 의무, 물품의 소유권을 이전하여야 할 의무 등이 있다.140) 협약 제6조는 당사자 자치를
인정하여 협약의 전부 또는 일부 조항에 대한 적용의 배제를 허용하므로, 매도인의 의무와 관련
한 계약과 협약의 내용이 다른 경우, 매도인의 계약에 따른 의무를 이행하여야 한다.141)

1) 물품인도 의무

가) 물품인도장소

물품의 인도 장소가 달리 특정되지 않은 경우에, 매도인은 1) 물품의 운송이 필요한 매매
계약의 경우는 매수인에게 전달하기 위하여 최초의 운송인에게 물품을 교부하여야 할 의무
가 있으며, 2) 물품의 운송이 필요 없는 매매계약은 계약이 특정물에 관련되거나 특정한 재
고품에서 인출될 불특정물 또는 제조 또는 생산될 불특정물에 관련되어 있고 당사자 쌍방이
계약체결 시에 그 물품이 특정한 장소에 있거나 특정한 장소에서 제조 또는 생산될 것이라
는 것을 알고 있었던 경우에는 그 장소에서 물품을 매수인의 처분하에 둘 의무가 있고, 3)
기타의 경우에는 계약체결 시 매도인의 영업소가 있던 장소에서 물품을 매수인의 처분하에
둘 의무가 있다.142)

---

137) 협약 제29조 제1항.
138) 협약 제29조 제2항 본문.
139) 협약 제29조 제2항 단서.
140) 협약 제30조.
141) Secretariat Commentary on article 28 of the 1978 Draft.
142) 협약 제31조.

나) 물품인도에 부수하는 의무

매도인의 계약 또는 협약에 따라 물품을 운송인에게 교부한 경우에, 물품상의 표시(荷印), 선적서류 또는 기타 방법에 의하여 물품이 계약상의 목적물로 명확히 특정되어 있지 아니한 때는 매도인은 매수인에게 물품을 특정하는 탁송통지를 교부하여야 한다.[143] 매도인이 운송을 주선하여야 하는 경우에, 매도인은 당해 상황에 맞는 적절한 운송수단 및 그러한 운송의 통상의 조건으로 지정된 장소까지 운송하는 데 필요한 계약을 체결하여야 한다.[144] 매도인이 물품의 운송에 대하여 부보할 의무가 없는 경우에도, 매수인의 요구가 있는 경우에는 매도인은 매수인이 부보하는 데 필요한 모든 가능한 정보를 매수인에게 제공하여야 한다.[145]

다) 인도시기

매도인의 물품인도 시기는 1) 인도기일이 계약에서 지정되어 있거나 확정될 수 있는 경우에는 그 기일 2) 인도기간이 계약에서 지정되어 있거나 확정될 수 있는 경우에는 그 기간내의 어느 시기, 다만 매수인이 기일을 선택하여야 할 사정이 있는 경우에 그러하지 아니하며 3) 기타의 경우에는 계약체결 후 합리적인 기간 내이다.[146]

2) 서류교부 의무

매도인의 물품에 관한 서류를 교부하여야 하는 경우에, 계약에서 정한 시기, 장소 및 형태로 교부하여야 한다. 매도인이 교부하여야 할 시기 전에 서류를 교부한 경우에는, 매수인에게 불합리한 불편 또는 비용을 초래하지 아니하는 한 매도인은 계약에서 정한 시기까지 서류상의 부적합을 치유할 수 있다. 다만, 이 경우 매수인은 협약에서 정한 손해배상을 청구할 권리를 갖는다.[147]

3) 물품의 적합성에 관한 의무

물품의 적합성에 관한 의무는 이를 위반하면 하자담보책임이 발생하는 사항과 관련된 의

---

143) 협약 제32조 제1항.
144) 협약 제32조 제2항.
145) 협약 제32조 제3항.
146) 협약 제33조.
147) 협약 제34조.

무이다. 협약에서 하자담보책임(Warranties)이라는 용어를 사용하지 않고 적합성(Conformity of the Goods)라는 용어를 사용하는 것은 협약이 기존의 법 개념에서의 용어대신 새로운 용어를 사용함으로써, 기존 개념과 반드시 동일한 것이 아니라는 것을 의도하기 때문이다.

물품의 적합성에 관한 협약의 구조는 명시적 하자담보책임과 묵시적 하자담보책임을 인정하는 구조와 유사하다. 즉 명시적 적합성에 대하여 협약 제35조 제1항에서 규정하고, 묵시적 적합성에 대해서는 협약 제35조 제2항에서 규정하는 구조로 되어 있다. 명시적 적합성 의무에 따라 매도인은 계약에서 정한 수량, 품질 및 종류에 부합하고, 계약에서 정한 방법으로 용기에 넣거나 포장된 물품을 인도하여야 한다.[148] 묵시적 적합성 의무에 관해서는, 협약에서는 당사자가 달리 배제하지 않는 한, 물품의 적합성 요건을 갖추지 못한 것으로 보는 경우를 열거하고 있는데, 이는 미국법상 묵시적 하자담보책임과 유사한 사항이다. 1) 동종의 물품이 통상 사용되는 목적에 부합하지 아니하는 경우[149] 2) 계약체결 시 명시적 또는 묵시적으로 매도인에게 알려진 특정한 목적에 부합하지 않는 경우, 다만 매수인이 매도인의 실력과 판단을 신뢰하지 아니하였거나 신뢰한 것이 불합리하였다고 인정되는 경우는 그러하지 아니하다.[150] 3) 매도인이 견본 또는 모형으로써 매도인에게 제시한 품질을 가지지 아니한 경우 4) 당해 물품에 통상의 방법으로, 통상의 방법이 없는 경우에는 그 물품을 보존하고 보호하는 데 적절한 방법으로 용기에 담거나 포장되어 있지 아니한 경우 물품의 적합성 요건을 갖추지 못한 것으로 본다.[151] 이러한 묵시적인 적합성을 위반한 책임은 계약체결 시 매수인이 물품의 부적합성에 대해서 악의이거나 알 수 있었던 경우에는 적용되지 않는다.[152]

매도인은 위험이 매수인에게 이전하는 때에 존재한 물품의 부적합에 대하여 그 부적합이 위험이전 이후에 판명된 경우라도 계약 및 협약에 따라 책임을 진다.[153] 매도인은 매수인에게 위험을 이전한 후에 발생한 부적합의 경우에도 부적합이 매도인의 의무위반에 기인한 것에 대해서는 책임을 진다.[154] 의무위반에는 일정기간 물품이 통상의 목적이나 특별한 목적

---

148) 협약 제35조.

149) 미국의 상품성에 대한 묵시적 담보책임(implied warranty of merchantability)과 유사하다. UCC § 2-314.

150) 미국의 특정목적에 부합해야 할 묵시적 담보책임(implied warranty of fitness for the particular purpose)와 유사하다. UCC § 2-315.

151) 협약 제35조.

152) 협약 제36조.

153) 협약 제36조 제1항.

154) 협약 제36조 제2항.

에 적합할 것이라는 보증 또는 특정한 품질 또는 특성을 유지할 것이라는 보증에 위반한 경우가 포함된다.[155]

4) 하자치유의 권리

매도인이 인도기일 이전에 물품을 인도한 경우에는 일정한 요건히에 하자를 치유할 권리를 인정하고 있다. 매도인이 인도기일 이전에 물품을 인도한 경우 매수인에게 불합리한 불편 또는 비용을 초래하지 아니하는 한 매도인은 인도기일까지 누락분을 인도하거나, 부족한 수량을 보충하거나, 부적합한 물품을 다른 물품으로 교체하여 인도하거나 물품의 부적합을 치유할 수 있다.[156] 매도인이 하자를 치유한 경우에도, 매수인의 손해가 있는 경우에는 매수인은 협약에서 정한 손해배상을 청구할 수 있다.[157]

5) 매수인의 하자검사 및 통지의무

매수인은 실행가능한 단기간 내에 물품을 검사하거나 검사하게 하여야 한다.[158] 물품의 운송이 필요한 계약의 경우에는 물품의 검사는 목적지에 도착한 후까지 연기될 수 있다.[159] 매수인이 검사할 합리적인 기회를 가지지 못하고 운송 중에 물품의 목적지가 변경되거나 물품이 전송(轉送)되었고 매도인이 계약체결 시에 변경 또는 전송의 가능성을 알았거나 알 수 있었던 경우에는. 검사는 물품이 새로운 목적지에 도착한 후까지 연기될 수 있다.

매수인이 물품의 부적합을 발견하거나 발견할 수 있었던 때로부터 합리적인 기간 내에 매도인에게 그 부적합한 성질을 특정하여 통지하지 아니하면 매수인은 물품의 부적합에 대한 책임을 물을 수 없게 된다.[160] 매수인은 물품이 자신에게 현실적으로 교부된 날로부터 2년 내에 매도인에게 부적합의 통지를 하지 아니한 경우에는 부적합을 주장할 권리를 상실한다.[161] 다만, 당사자 간의 보증기간이 2년의 통지기간과 양립하지 아니하는 경우에는 2년의

---

155) 협약 제36조 제2항.
156) 협약 제37조 본문.
157) 협약 제37조 단서.
158) 협약 제38조.
159) 협약 제38조 제2항.
160) 협약 제39조 제1항.
161) 협약 제39조 제2항.

통지기간에 관한 조항은 적용되지 않는다.[162) 당사자가 물품이 특정한 품질 또는 성질을 가질 것을 일정한 기간 동안 보증한 경우에는 그러한 보증이 2년 내에 부적합을 통지하여 할 의무에도 영향을 미치는지 여부는 불명확하므로 둔 규정이다.[163) 보증기간이 2년의 통지기간과 양립하지 아니하는지 여부는 보증계약의 해석에 관한 사항이다.[164) 예컨대, 생산기계를 매도하면서 일정한 성능을 3년간 보증한 경우에는 2년의 통지기간과 양립하지 아니한다고 해석될 수 있으나, 단순히 생산기계의 성능을 1년간 보증한 경우에는 통지기간까지 1년으로 단축된다고 보기는 어렵다.[165) 그러나 생산기계의 성능이 기준에 미달할 경우에 90일 이내에 통지하여야 한다는 규정을 둔 경우에는, 그러한 규정은 2년의 통지기간과 양립될 수 없어서 2년의 통지기간이 적용되지 않는다고 해석하는 것이 타당하다.[166)

검사의무와 통지의무에 관한 규정은 매도인이 물품의 부적합을 알았거나 모를 수 없었던 사실에 관한 것인데도 이를 매수인에게 알리지 아니한 경우에는 적용되지 않는다.

6) 물품이 제3자의 권리 또는 권리주장의 대상이 되지 않을 의무

매도인이 제3자의 권리 또는 권리주장의 대상이 되지 않는 물품을 인도하여야 할 의무를 진다. 협약은 이러한 의무의 적용요건과 적용이 배제되기 위한 요건을 공업소유권이나 지적재산권인 경우와 그렇지 않은 경우를 다르게 규정하고 있다.

매도인은 제3자의 권리나 권리주장의 대상이 아닌 물품을 인도하여야 하나, 제3자의 권리 또는 권리주장의 내용이 공업소유권이나 지적재산권에 관한 것이 아닌 경우에는 이 의무는 매수인이 그러한 제한이 있는 물품의 수령에 동의한 경우에는 적용되지 않다.[167) 그러한 동의는 명시적 또는 묵시적으로도 할 수 있다.[168)

제3자의 권리 또는 권리주장의 내용이 공업소유권이나 지적재산권에 관한 것인 경우에는, 매도인은 계약체결 시 알았거나 모를 수 없었던 제3자의 권리 또는 권리주장이 없는 물품을 인도하여야 하므로,[169)매도인의 의무발생 범위가 매도인이 알았거나 이에 준할 수 있는 경

---

162) 협약 제39조 제2항.

163) Secretariat Commentary on article 39 of the 1978 Draft, comment 7.

164) Secretariat Commentary on article 39 of the 1978 Draft, comment 7.

165) Secretariat Commentary on article 39 of the 1978 Draft, example 37B, 37C.

166) Secretariat Commentary on article 39 of the 1978 Draft, example 37D.

167) 협약 제41조.

168) Secretariat Commentary on article 39(1) of the 1978 Draft, comment 2.

우로 제한된다. 또한 매도인의 의무적용 배제 요건으로, 매수인이 계약체결상 그 권리나 권리주장을 알았거나 알 수 있었던 경우 또는 매수인이 제공한 기술설계, 디자인, 방식 기타 지정의 결과로 그러한 권리나 권리주장이 발생한 경우에는 매도인이 지적재산권에 의한 권리 또는 권리주장이 없는 물품을 인도하여야 할 의무가 적용되지 않는다. 이 경우는 의무를 배제하기 위하여 매수인이 동의가 반드시 필요한 것은 아니다.[170) 제3자가 권리 또는 권리주장을 하는 공업소유권이나 지적재산권은 일정한 국가의 법에 근거한 것이어야 한다는 제한을 받는데, 계약 당사자 쌍방이 계약체결 시에 물품이 특정국가에서 전매되거나 그 밖의 방법으로 사용될 것을 예상한 경우에는 그 국가의 법에 근거한 것이어야 하며, 그 외의 경우에는 매수인의 영업소가 소재하는 국가의 법에 의한 공업소유권 또는 지적재산권에 근거하여야 한다.[171)

매수인이 제3자의 권리주장을 알았거나 알 수 있었을 때에는 그러한 사실을 매도인에게 통지하여야 한다. 매수인이 제3자의 권리나 권리주장을 알았거나 알았어야 했던 때로부터 합리적인 기간 내에 매도인에게 제3자의 권리나 권리주장의 성질을 특정하여 통지하지 아니한 경우에는 매수인은 매도인이 제3자의 권리나 권리제한이 없는 물품을 인도하여 할 의무를 위반하였음을 주장할 수 없다.[172) 그러나 매도인이 제3자의 권리나 권리주장 및 그 성질을 알고 있었던 경우에는 매수인이 통지를 하지 않은 경우에도 매수인은 매도인의 의무위반을 원용할 권리를 상실하지 않는다.[173)

7) 통지 해태 시 매수인의 권리

매수인이 물품의 부적합에 대한 통지의무나 제3자의 권리 또는 권리주장에 대한 통지를 하지 아니한 경우에도 통지를 하지 못한 데에 합리적인 이유가 있는 경우에는 물품의 부적합에 대한 구제수단으로서 대금의 감액을 하거나 이익의 상실에 대한 손해배상 이외의 손해배상은 청구할 수 있다.[174)

---

169) 협약은 지적재산권을 근거로 관련 국가에서 당해 지적재산권이 공개(publish)된 경우와 같이 매도인이 이를 알았거나 모를 수 없었던 경우만으로 매도인의 의무범위를 제한하고 있는 것이다 (Secretariat Commentary on article 40 of the 1978 Draft, comment 6).

170) Secretariat Commentary on article 40 of the 1978 Draft, comment 9.

171) 협약 제42조 제1항 (a), (b).

172) 협약 제43조 제1항.

173) 협약 제43조 제2항.

8) 매도인의 계약위반에 대한 구제

매도인의 계약 또는 의무 위반의 경우 매수인의 구제수단은 손해배상청구와 손해배상청구 이외의 구제수단이라는 두 가지 유형으로 구분할 수 있다.[175] 매수인이 손해배상청구 이외의 다른 구제수단을 행사하더라도 손해배상청구권은 상실되지 않는다.[176] 매수인이 계약위반에 대한 구제를 청구하는 경우에 법원이나 중재판정부는 매도인에게 유예기간을 부여할 수 없다.[177] 유예기간의 청구를 절차적으로 허용하게 되면, 국제계약의 특성상 당사자중의 일방과 동일한 국적을 갖는 법원의 재량에 따르게 될 수 있으므로 유예기간을 부여할 권리를 법원에 부여하지 않고 있는 것이다.[178]

협약상 매도인의 계약위반에 대한 매수인의 구제수단은 다음과 같다.

가) 의무이행 청구권(협약 제46조 제1항)

나) 대체물 인도 청구권(협약 제46조 제2항)

다) 수선청구권(협약 제46조 제3항)

라) 계약의 근본적 위반으로 인한 계약해제권(협약 제49조, 제51조)

마) 대금감액권(협약 제50조)

바) 손해배상청구권(협약 제74조 내지 제77조)

다. 매수인의 의무

매수인의 의무는 대금지급의무와 물품수령의무가 있다.[179]

1) 대금지급의무

매수인의 대금지급의무에는 대금 지급에 필요한 계약 또는 법령에서 정한 조치를 취하는

---

174) 협약 제44조.

175) 협약 제45조 제1항.

176) 협약 제45조 제2항.

177) 협약 제45조 제3항.

178) Secretariat Commentary on article 43 of the 1978 Draft, comment 5.

179) 협약 제53조.

것과 절차적 요건을 준수하는 것을 포함한다.[180] 또한 계약은 유효하게 성립하였으나, 계약에 대금을 정하지 않는 경우에 대비한 보충적 조항을 두고 있다. 계약이 유효하게 성립되었으나, 물품의 가격을 명시적 또는 묵시적으로 정하고 있지 아니하거나 이를 정하기 위한 조항을 두지 않은 경우에는 당사자는 반대의 표시가 없는 한 계약체결 시에 당해 거래와 유사한 상황에서 매도되는 그 종류의 물품에 대하여 일반적으로 청구되는 대금을 묵시적으로 정한 것으로 본다.[181] 그러나 협약 제14조 1항에서 청약이 유효하기 위해서는 가격이 확정되었거나 가격을 결정할 수 있는 기준이 명시적 또는 묵시적으로 표시되어 있어야 할 것을 요구하므로, 협약 제55조가 효력을 발휘하는 경우는 당사자 일방의 영업소가 소재하는 체약국이 협약 제3편(물품의 매매)에 대해서만 가입 또는 승인을 하고 협약 제2편(계약의 성립)에 대해서는 가입 또는 승인을 하지 않았을 때, 그 국가의 법상 명시적 또는 묵시적으로 가격을 확정하거나 가격결정의 기준을 정하지 않은 경우에도 계약이 유효하게 성립되는 것을 인정하는 경우뿐이다.[182] 또한 대금이 중량에 의하여 정해지는 경우, 의문이 있는 경우에는 순중량에 의하여 대금을 결정하는 것으로 한다.[183] 매수인의 대금지급 장소에 대해서는 특정한 장소에서 대금을 지급할 의무가 없는 경우에는 매도인의 영업소 또는 물품이나 서류와 상환하여 대금이 지급되어야 하는 경우에는 그 교부가 이루어지는 장소에서 매수인이 대금을 지급하여야 한다.[184] 매도인은 계약체결 후 자신의 영업소를 변경함으로써 발생한 대금지급에 대한 부수비용의 증가액을 부담하여야 한다.[185]

2) 인도의 수령의무

매수인의 수령의무에는 물품을 수령하는 행위자체 이외에도 인도를 가능하게 하기 위하여 매도인이 매수인에게 합리적으로 기대할 수 있는 모든 행위를 하는 것이 포함된다.[186]

---

180) 협약 제54조.

181) 협약 제55조.

182) Secretariat Commentary on article 51 of the 1978 Draft, comment 2.

183) 협약 제56조.

184) 협약 제57조 제1항.

185) 협약 제57조 제2항.

186) 협약 제60조.

3) 매수인의 계약위반에 대한 구제

매수인의 계약위반에 대하여 매도인이 행사할 수 있는 구제수단은 손해배상청구와 손해배상청구 이외의 구제수단으로 구분할 수 있다.[187] 매도인이 손해배상 이외의 구제수단을 행사한 경우에도 손해배상청구권은 상실되지 않는다.[188] 매도인이 계약위반에 대한 구제를 청구한 경우에 법원 또는 중재판정부는 매수인에게 유예기간을 부여할 수 없다.[189]

매도인의 구체적인 구제수단은 다음과 같다.

가) 이행의 청구(협약 제62조)
나) 계약의 해제(협약 제64조)
다) 매도인의 지정권(협약 제65조)
라) 손해배상청구(협약 제74조 내지 제77조)

라. 위험부담의 이전

위험이 매수인에게 이전된 후에는 물품이 멸실 또는 훼손되더라도 매수인은 대금을 지급하여야 하지만, 멸실 또는 훼손이 매도인의 작위 또는 부작위로 인한 경우에는 대금을 지급할 의무가 없다.[190]

계약상 운송이 필요한 매매의 경우에 매도인이 특정장소에서 물품을 교부할 의무가 없는 경우에는, 위험은 계약에 따라 제1운송인에게 교부된 때에 매수인에게 이전한다.[191] 특정한 장소에서 물품을 운송인에게 교부하여야 하는 경우에는 그 장소에서 물품이 운송인에게 교부될 때까지 매수인에게 위험이 이전하지 않는다.[192] 그러나 이러한 위험 이전에 관한 원칙은 물품이 특정되는 것을 전제로 한 것이므로, 물품이 특정되지 않는 한 위험이 매수인에게 이전하지 않는다.[193]

---

187) 협약 제61조 제1항.
188) 협약 제61조 제2항.
189) 협약 제61조 제3항.
190) 협약 제66조.
191) 협약 제67조 제1항 1문.
192) 협약 제67조 제1항 2문.
193) 협약 제67조 제2항.

운송도중에 매도된 물품에 관한 위험은 계약체결 시에 매수인에게 이전된다.[194]

운송이 필요한 경우나 운송도중에 매도된 물품이 아닌 경우에는, 매수인이 물품을 수령한 때나 매수인이 적시에 수령하지 아니하는 경우에는 물품이 매수인의 처분하에 놓여지고 매수인이 이를 수령하지 아니하여 계약을 위반하는 때에 매수인에게 위험이 이전된다.[195] 매수인이 매도인의 영업소 이외의 장소에서 물품을 수령하여야 하는 경우에는 인도기일이 도래하고 물품이 그 장소에서 매수인의 처분하에 놓여진 것을 매수인이 안 때에 위험이 이전된다.[196] 불특정물의 경우에는 물품이 특정될 때까지 매수인의 처분하에 놓이지 않은 것으로 본다.[197]

매도인이 본질적인 계약위반을 한 경우에는 위험부담이 이전되었더라도 매도인의 계약위반을 이유로 매수인은 구제수단을 행사할 수 있다.[198]

마. 매도인 및 매수인의 의무에 공통되는 규정

1) 事前的 계약위반(anticipatory breach)

미국 계약법상 계약의 이행기까지 기다리지 않더라도 이행기전에 상대방의 계약위반이 명백히 예상되는 행위 또는 상태에 있게 되는 경우에는 이행기 전에도 계약위반에 대한 구제를 할 수 있도록 인정하는 anticipatory breach 법리가 있는데, 협약은 이러한 법리를 수용하고 있는 것이다.

계약체결 후 상대방의 이행능력 또는 신용의 중대한 결함이나 계약이행의 준비 또는 이행에 관한 상대방의 행위를 통하여 상대방이 의무의 실질적인 부분을 이행하지 아니할 것이 외관상 분명하게 된 경우에는, 당사자는 자신의 의무이행을 정지할 수 있다.[199] 또한 이러한 사유가 명백하게 되기 전에 매도인이 물품을 발송한 경우에는, 매수인이 물품수령을 표창하는 증권을 소지하고 있더라도 매도인은 매수인에게 물품이 교부되는 것을 저지할 수 있

---

194) 협약 제68조.

195) 협약 제69조 제1항.

196) 협약 제69조 제2항.

197) 협약 제69조 제3항.

198) 협약 제70조.

199) 협약 제71조 제1항.

다.200) 다만, 매도인이 물품의 인도를 저지할 수 있는 권리는 매도인과 매수인 간에만 적용되며 제3자의 권리에는 영향을 미치지 않는다.201) 사전적 계약위반을 이유로 이행을 정지한 당사자는 즉시 상대방에게 그 정지사실을 통지하여야 하며, 상대방이 그 이행에 관하여 적절한 보장(adequate assurance)을 제공한 경우에는 이행을 계속하여야 한다.202)

계약의 이행기 전에 당사자 일방이 본질적인 계약위반을 할 것이 명백한 경우에는 상대방은 계약을 해제할 수 있다.203) 시간이 허용하는 경우에는, 계약을 해제하려는 당사자는 상대방이 이행에 관하여 적절한 보장을 제공할 수 있도록 합리적인 통지를 하여야 한다.204) 그러나 상대방이 의무를 이행하지 않겠다고 선언한 경우에는 계약해제 의사를 사전 통지할 필요가 없다.205)

2) 분할인도계약(installment contracts)

물품의 분할 인도계약에서, 어느 분할 부분에 관한 당사자 일방의 의무 불이행이 그 분할 부분에 관한 본질적 계약위반이 되는 경우에는 상대방은 그 분할부분에 관한 계약을 해제할 수 있다.206) 기존 분할 부분에 대한 당사자 일방의 의무 불이행으로 장래 이행할 분할 부분에 대하여 본질적 계약위반이 발생할 것이라고 판단할 충분한 근거가 되는 경우에는, 상대방은 장래를 향하여 그로부터 합리적인 기간 내에 계약을 해제할 수 있다.207) 어느 분할 부분에 대하여 계약을 해제하는 매수인은 그 부분과의 상호 의존관계로 인하여 이미 행해진 인도 또는 장래에 행해질 인도가 계약체결 시 당사자가 예상했던 목적으로 사용될 수 없는 경우에는 이미 행해진 인도 또는 장래의 인도에 대하여도 동시에 계약을 해제할 수 있다.208)

---

200) 협약 제71조 제2항.
201) 협약 제71조 제2항 단서.
202) 협약 제71조 제3항.
203) 협약 제72조 제1항.
204) 협약 제72조 제2항.
205) 협약 제72조 제3항.
206) 협약 제73조 제1항.
207) 협약 제73조 제2항.
208) 협약 제73조 제3항.

3) 손해배상

가) 손해배상액의 범위

손해배상액은 계약 위반의 결과로 상대방이 입은 손실에 상당한 금액이 되며, 손실에는 이익의 상실(profit of loss)도 포함된다.[209] 손해배상액은 계약위반 당사자가 계약체결 시에 알았거나 알 수 있었던 사실과 사정에 비주어 계약위반의 결과 발생할 것이라고 예견하였거나 예견할 수 있었던 손실을 초과할 수 없다.[210]

나) 대체물 매수 또는 재매매의 경우

계약해제 후 매수인이 대체물을 매수하거나 매도인이 당해 물품을 제3자에게 재매도 한 경우에, 합리적인 방법으로 합리적인 기간 내에 대체물 매수 또는 물품의 재매각이 이루어진 경우에 한하여, 계약대금과 대체거래금액의 차액과 그 외의 손해로서 협약 제74조에 해당하는 손해를 손해배상으로 청구할 수 있다.[211]

다) 시가가 있는 경우

시가(current price)가 있는 물품에 대하여 계약을 해제한 경우에는, 매수인의 대체물 매수 또는 매도인의 재매각이 실행되지 않고서도 계약상 매매대금과 계약 해제 시의 시가의 차액과 기타 손해를 손해배상으로 청구할 수 있다.[212] 그러나 손해배상을 청구하는 당사자가 물품을 수령한 이후에 계약을 해제한 경우에는 해제 시 시가가 아닌 물품 수령 시 시가를 기준으로 계약대금과 시가와의 차액을 산정한다.[213] 시가는 지역에 따라서 차이가 있을 수 있으므로, 협약에서는 원칙적으로 물품이 인도되었어야 할 장소에서의 지배적인 가격이 시가가 되나, 그 장소에 시가가 없는 경에는 물품의 운송비용의 차액을 절절히 고려하여 합리적으로 대체할 수 있는 다른 장소에서의 가격이 시가가 된다.[214]

---

209) 협약 제74조 제1문.
210) 협약 제74조 제2문.
211) 협약 제75조.
212) 협약 제76조 제1항 본문.
213) 협약 제76조 제1항 단서.
214) 협약 제76조 제2항.

라) 손해경감조치의무

협약은 손해경감조치의무를 손해배상 청구권자에게 부과하고 있다. 계약위반을 주장하는 당사자는 그 위반으로 인한 손실을 경감하기 위하여 그 상황에서 합리적인 조치를 취하여야 한다.[215] 만약, 이러한 손해경감 조치를 취하지 아니한 경우에는 손해배상청구를 받은 상대방은 경감되었을 손실액만큼 손해배상액의 감액을 청구할 수 있다.[216]

4) 이 자

당사자가 대금 기타 연체된 금액을 지급하지 않는 경우에는, 그 금액에 대한 이자를 청구할 수 있다.[217] 이러한 이자의 청구는 손해배상청구권에는 영향을 미치지 않는다.

5) 면 책

가) 불가항력

협약은 일반적으로 불가항력에 의한 계약불이행의 경우 계약위반의 책임을 면제하는 것에 해당하는 면책조항을 두고 있다. 당사자는 1) 의무 불이행이 자신이 통제할 수 없는 장애에 기인하였다는 것과 2) 계약체결 시에 그러한 장애를 고려하거나 그 장애 또는 그 결과를 회피하거나 극복하는 것이 합리적으로 기대될 수 없었다는 것을 증명하는 경우에는, 그 의무불이행에 대하여 책임이 없다.[218]

나) 이행보조자를 사용한 경우의 불가항력

계약의 전부 또는 일부의 이행을 위하여 사용한 제3자의 불이행으로 인하여 계약의 불이행이 발생한 경우에는, 계약 당사자가 불가항력에 의한 면책요건을 갖추어야 할 뿐 아니라 제3자에게도 당사자에게 적용되는 기준을 적용하였을 경우 면책이 될 때에만 당사자는 면책된다.[219]

---

215) 협약 제77조 본문.
216) 협약 제77조 단서.
217) 협약 제78조.
218) 협약 제79조 제1항.
219) 협약 제79조 제2항.

다) 면책의 기간

불가항력으로 인한 면책의 경우에는 장애가 존재하는 기간 동안에 효력이 있다.[220]

라) 장애의 통지

불이행의 당사자는 장애가 존재한다는 사실과 그 장애가 자신의 이행능력에 미치는 영향을 상대방에게 통지하여야 하며, 장애를 알았거나 알 수 있었던 때로부터 합리적인 기간 내에 상대방이 그 통지를 수령하지 못한 경우에는, 불이행의 당사자는 불수령으로 인한 손해에 대해서는 책임이 있다.[221]

마) 손해배상청구권 이외의 권리에 미치는 영향

불가항력으로 인한 면책에 관한 규정은 손해배상 청구권 이외의 권리를 행사하는 것을 방해하지 않으므로, 면책 규정은 손해배상청구에 대해서만 영향을 미친다.[222]

바) 자신의 행위에 기인한 불이행

상대방의 불이행이 자신의 작위 또는 불이행에 기인한 것에 대해서는, 당사자는 상대방의 불이행을 주장할 수 없다.[223]

6) 해제의 효력

가) 계약상 의무의 면제

계약 해제의 효력으로 당사자의 계약상 의무를 면하게 되고 이미 이행을 받은 부분은 상대방에게 반환하여야 한다. 계약을 해제하면, 당사자 쌍방은 손해배상의무를 제외한 계약상의 의무를 면하게 된다.[224] 그러나 계약이 해제되더라도 분쟁해결조항이나 계약해제로 발생하는 당사자의 권리의무에 관한 계약조항에는 영향을 미치지 않는다.[225]

---

220) 협약 제79조 제3항.
221) 협약 제79조 제4항.
222) 협약 제79조 제5항.
223) 협약 제80소.
224) 협약 제81조 제1항 전문.
225) 협약 제81조 제1항 후문.

나) 이행부분의 반환

또한 계약의 전부나 일부를 이행한 당사자는 상대방에게 자신이 계약에 의하여 공급 또는 지급한 것의 반환을 청구할 수 있고, 당사자 쌍방이 반환을 하여야 하는 경우에는 동시에 반환하여야 한다.[226]

다) 계약해제권 또는 대체물인도청구권의 상실

매수인이 물품을 수령한 상태와 실질적으로 동일한 상태로 물품을 반환할 수 없는 경우에는 매수인은 계약을 해제하거나 매도인에게 대체물을 청구할 권리를 상실한다.[227] 그러나 1) 물품의 반환불능이나 수령상태와 실질적으로 동일한 상태로 반환할 수 없는 것이 매수인의 작위 또는 부작위에 기인하지 아니한 경우나 2) 물품의 전부 또는 일부가 매수인의 물품검사의무에 따른 검사의 결과로 멸실 또는 훼손된 경우 또는 3) 매수인이 부적합을 발견하였거나 발견하였어야 했던 시점 이전에, 물품의 전부나 일부가 정상적인 거래과정에 의하여 매각되거나 통상의 용법에 따라 소비나 변형된 경우 등에는, 물품을 수령상태와 동일한 상태로 반환할 수 없는 경우에도 계약해제권 또는 대체물인도청구권은 상실되지 않는다.[228] 매수인은 계약해제권 또는 대체물인도청구권을 상실하는 경우에도, 계약과 협약에 따른 다른 구제수단은 그대로 보유한다.[229]

라) 이자와 과실의 지급

매도인이 대금을 반환하여야 하는 경우에, 매도인은 대금을 지급받은 날부터 그에 대한 이자도 지급하여야 한다.[230] 1) 매수인이 물품의 전부나 일부를 반환하여야 할 경우나 2) 물품의 전부나 일부를 반환할 수 없거나 수령상태와 실질적으로 동일한 상태로 물품의 전부나 일부를 반환할 수 없음에도 불구하고 매수인이 계약을 해제하거나 대체물의 인도를 청구한 경우 등에는 매수인은 그 물품으로부터 발생된 모든 이익을 매도인에게 지급하여야 한다.[231]

---

226) 협약 제82조 제2항.
227) 협약 제82조 제1항.
228) 협약 제82조 제2항.
229) 협약 제83조.
230) 협약 제84조 제1항.
231) 협약 제84조 제2항.

7) 물품의 보관

가) 매도인의 물품보관 의무

매도인은 매수인이 물품의 수령을 지체하거나 대금지급과 물품인도가 동시이행되어야 하는 경우에 매수인이 대금을 지급하지 아니하는 경우로서, 매도인이 물품을 점유하거나 기타 방법으로 그 처분을 지배할 수 있는 경우에는 물품을 보관하기 위하여 합리적인 조치를 취하여야 한다.[232] 매도인은 매수인으로부터 보관과 관련된 합리적인 비용을 상환 받을 때까지 그 물품을 유치할 수 있다.[233]

나) 매수인의 물품보관 의무

매수인은 물품을 수령한 후 그 물품을 거절(reject)하기 위하여 계약 또는 협약상 권리를 행사하려고 하는 경우에는, 물품을 보관하기 위한 합리적인 조치를 취하여야 한다.[234] 매수인은 매도인으로부터 보관에 소요된 합리적인 비용을 상환 받을 때까지 물품을 유치할 수 있다.[235] 매수인에게 발송된 물품이 목적지에서 매수인의 처분하에 놓여졌으나 매수인이 그 물품을 거절하는 권리를 행사하는 경우에도, 대금지급 없이 그리고 불합리한 불편이나 비용의 부담 없이 점유할 수 있는 경우에 한하여 매수인은 매도인을 위하여 그 물품을 점유하여야 한다.[236] 그러나 목적지에 매도인이나 매도인을 위하여 물품을 관리할 수 있는 권한을 가진 자가 있는 경우에는 매수인의 점유 취득의무는 없다.[237] 매수인이 점유취득 의무에 따라 물품을 점유하는 경우에도 보관에 필요한 합리적이 조치를 취하여야 하며, 보관에 소요된 합리적인 비용을 상환 받을 때까지 그 물품을 유치할 수 있다.[238]

다) 보관을 위한 창고임치

물품을 보관하기 위한 조치를 취하는 당사자는 그 비용이 불합리하지 아니한 한 상대방의 비용으로 물품을 제3자의 창고에 임치할 수 있다.[239]

---

232) 협약 제85조 전문.
233) 협약 제85조 후문.
234) 협약 제86조 제1항 전문.
235) 협약 제86조 제1항 후문.
236) 협약 제86조 제2항 1문.
237) 협약 제86조 제2항 2문.
238) 협약 제86조 제2항 3문.

라) 물품의 매각

물품의 보관의무가 있는 당사자는 상대방이 물품을 점유하거나 반환받는 것 또는 대금이나 보관비용의 지급하는 것을 불합리하게 지체하는 경우에는 상대방에게 매각의사를 합리적으로 통지하면 적절한 방법으로 물품을 매각할 수 있다.[240] 적절한 방법으로 매각하면 되므로 반드시 경매에 의할 것이 요구되지 않는다. 물품이 급속히 훼손되기 쉽거나 보관에 불합리한 경비를 요하는 경우에는 물품 보관의무가 있는 당사자는 물품을 매각하기 위한 합리적인 조치를 취하여야 하며, 가능한 한도에서 상대방에게 매각의사를 통지하여야 한다.[241] 물품을 매각한 당사자는 매각대금에서 물품을 보관하고 매각하는 데 소요된 합리적인 비용에 상당하는 금액을 보유할 권리가 있으며, 그러한 비용을 공제한 잔액은 상대방에게 반환하여야 한다.[242]

---

239) 협약 제87조.
240) 협약 제88조 제1항.
241) 협약 제88조 제2항.
242) 협약 제88조 제3항.

제 3 장

국제기술사용허락계약

(Technical License Agreement)

1. 계약의 특징

국제기술사용허락계약은 재산적 가치가 있는 특허권, 실용신안권, 의장권 및 상표권 등의 공업소유권과 기타 노우하우를 포함한 산업기술의 실시 내지 사용을 허락하고 그 대가를 지급받는 계약을 말한다.[243] 국제기술사용허락계약은 사용을 허락한 기간 동안 허락받은 기술 등을 사용할 수 있으나, 계약기간 종료 후에 당해 기술이 사용권자의 소유로 되지 않는 점이 중요한 특징인바, 이러한 측면에서 기술사용허락계약은 기술의 매매계약과는 구별되어야 한다.

국제기술사용허락과 관련된 계약은 그 명칭 및 형태가 매우 다양한데, 기술의 이전 또는 실시권의 허여라는 측면을 강조하기 위해서는 Technical Transfer Agreement나 Technical License Agreement 등이 주로 사용되고 있으며, 기술협력을 강조하기 위해서는 Technical Assistance Agreement 또는 Technology Collaboration Agreement 등이 사용되기도 하고, 기술의 도입 또는 수출의 측면을 강조하기 위해서는 Technology Inducement Agreement 또는 Technology Export Agreement 등이 사용되기도 한다.[244] 이러한 명칭의 차이에도 불구하고, 계약내용이 지적재산권 등의 사용을 허락하는 것이라면 국제기술사용허락계약으로서 특징을 갖고 있다.

국제기술사용허락계약은 사용허락을 허용하는 대상이 기술과 관련된 지적재산권 또는 노우하우이고 사용 대가로 로열티를 지급하게 되는 구조를 가지고 있기 때문에, 계약서에 사용허락 범위인 무형인 지적재산권을 특정하여야 하여야 하는 문제와 로열티가 주로 분할 지급되므로 로열티의 산정기준, 지급시기, 지급방법 등을 분명히 하여야 한다. 이점이 국제기술사용허락계약의 중요한 특징을 형성하는 구조적 특징이다.

로열티 지급을 위하여 외환을 계약 상대방에게 송금하는 것이 필요하다는 점에서 국가에 따라서는 외환송금에 대한 법적 규제를 받을 수도 있으며, 기술을 도입하는 조건이 기술사용자에게 불공정한 경우에 대하여 기술사용권자의 국내법인 공정거래법에 의하여 규제될 수도 있다. 우리나라의 경우에는 독점규제 및 공정거래에 관한 법률에서는 부당한 국제계약의 체결을 제한하고 있으며 동법 제32조 제2항에 따라 국제계약상불공정거래행위등의유형및기준을 고시하였다.[245] 동 고시에서는 산업재산권도입계약, 저작권도입계약, 노우하우도입계약,

---

243) 이태희, 전게서, 367면 참조.

244) 럭키금성, 국제계약 실무가이드 제2권 기술협력계약 (1993), 7면.

245) 국제계약상의불공정거래행위등의유형및기준, 공정거래위원회고시 제1997-23호, 1997.4.21.

프랜차이즈도입계약, 공동연구개발협정, 수입대리점계약, 합작투자계약과 관련한 불공정거래 행위의 유형과 기준을 정하고 있다.[246]

국제적인 기술이전에 가장 많이 사용되는 기술사용허락의 대상은 특허 및 노우하우(patent and knowhow license)와 상표(trademark license)이다. 특허 및 노우하우 사용허락에 있어서 기술을 제공받는 자는 제공되는 기술이 낙후된 기술이거나 과노한 기술사용료의 지급이 되지 않도록 주의할 필요가 있다.[247] 또한 기술제공자의 입장에서는 기술사용료의 지급이 기술도입자 측 정부의 외환정책에 의하여 지급이 통제되거나 제한되는 경우가 발생될 경우에 대비할 필요가 있으며, 기술사용료에 대한 과세효과를 확인하기 위하여 당해 기술사용료가 이중과세방지협정의 적용을 받는지 확인할 필요가 있다.[248] 상표사용허락계약에서는 품질관리에 대한 통제가 제대로 이루어지지 않을 경우 상표의 포기로 인정될 수도 있으므로[249] 품질관리에 관한 사항을 분명히 하고 배타적 사용허락인지 여부를 분명히 할 필요가 있다. 기술사용허락계약은 기술이전 자체만을 목적으로 별도로 체결될 수 있으나 합작투자와 관련하여 부속계약으로서 체결될 수도 있다.[250]

2. 계약의 주요조항

(1) 기술료(Royalty)

가. 기술료의 유형

기술사용의 대가로서 지급되는 것으로서 기술사용허락계약 시에는 기술사용으로 인한 제

---

246) 국제계약상의불공정거래행위등의유형및기준 제2조.

247) Ralph. H. Folsom et al., *Principles of International Business Transactions, Trade and Economic Relations*, Thomson/West (2005), p.515 참조.

248) Ralph. H. Folsom et al., *supra* note 247 at 515.

249) *Id.* at 502.

250) *Id.* at 524.

품의 생산량 및 판매시기 등을 고려하여 그 지급방식, 산정기준, 금액 등을 명확히 하여야 한다. 기술료는 그 지급방식에 따라 정액기술료(lump sum payment), 경상기술료(running royalty), 혼합방식 등으로 구분할 수 있다.251) 실무상 기술료에 관한 협상이 기술사용허락계약의 핵심적인 사항 중에 하나이므로, 법률적인 측면뿐 아니라 영업적인 측면에 대한 기술료 방식 및 금액에 대한 신중한 검토가 있어야 한다. 따라서 제조 원가에 기술료를 반영한 후에도 제품의 판매가격이 충분한 시장경쟁력이 있을지 여부, 제품의 판매지역 및 수출가능 여부, 보증에 관한 문제에 대하여 고려하여 기술료의 협상을 하여야 할 필요가 있다. 또한 기술료의 지급방식이나 금액을 정함에 있어서 제공되는 기술의 가치와 함께, 실시권 허여가 독점적인지 비독점적인지 여부, 계약기간 등도 고려하여야 한다.252)

1) 정액기술료

정액기술료는 일정한 금액으로 약정된 기술료를 일시 또는 여러 차례 나누어 분할 지급하는 방식을 말한다.253) 정액기술료는 기술을 이용한 제품의 생산이나 판매량과 관계없이 합의된 정액의 기술료를 지급하여야 하므로, 당해 기술을 사용한 사업의 시장성이나 성공여부에 대한 위험을 기술이용자가 부담하게 된다.

2) 경상기술료

경상기술료는 해당제품의 생산 또는 판매실적에 따라 일정한 기준 또는 비율로 산출된 금액을 정기적으로 지급하는 방식을 말한다.254) 경상기술료는 해당제품의 사업성과 및 판매실적과 직결되어 있으므로 해당제품의 시장성을 예측하기 어려운 경우에 기술이용자에게 유리한 대가지급 방식이라 할 수 있다.255) 그러나 기술제공자의 입장에서는 기술사용자의 사업능력을 잘 알 수 없는 경우에는 기술료 수입을 예측하기 어렵게 되는 문제점이 있다.256) 경상기술료의 경우 기술료 산정의 기준과 비율이 중요한데, 기술료의 산정기준을 매출액을 기

---

251) 럭키금성, 국제계약 실무가이드 제2권 기술협력계약 (1993), 106면 참조.
252) 럭키금성, 전게서, 105면.
253) 럭키금성, 전게서, 106면. 정액기술료를 고정기술료라고 하기도 한다(이태희, 전게서 379면 참조).
254) 럭키금성, 전게서, 106면.
255) *Id.*
256) *Id.*

준으로 하는 경우와 판매제품 단위를 기준으로 하는 경우가 있다.[257] 매출액을 기준으로 할 경우에도 총매출액(gross sales)이 기준인지 순매출액(net sales)이 기준인지 여부를 명확하게 하고, 순매출액을 기준으로 하는 경우에는 총매출액에서 공제되는 항목이 어떤 것이 있는지 명확히 규정하여야 할 것이다. 일반적으로 순매출액을 기준으로 하는 경우에는 계약서에 순매출액이라는 개념을 정의하면시 총매출액에서 공세되는 항목을 널거하게 되는데, 매출할인액(sales discount), 반품(sales returns), 매출 리베이트(sales rebates) 등과 제품판매에 따른 간접세, 보험료, 포장비, 운송비, 판매수수료, 광고선전비, 설치비, 기술사용을 허락받은 제품을 생산에 필요한 원료로서 기술제공자로부터 구입한 물품의 CIF가격, 수입관세 및 수수료 등이 공제 항목에 포함된다.[258]

3) 혼합방식

계약당사자가 기술료의 일부는 착수금 또는 선급금(Initial Payment or Advance Payment)의 형식인 정액으로 지급하고, 나머지는 경상기술료로 지급하는 방식을 말한다.[259] 혼합방식은 정액기술료와 경상기술료를 혼합·절충한 방식으로 실무상 가장 많이 사용되는 방식이다.[260] 혼합방식을 이용하면, 정액기술료와 경상기술료의 단점을 상호 보완할 수 있는 장점이 있다.

나. 최소기술료 (minimum royalty)

경상기술료의 경우, 기술료의 최저금액을 명시하고 합의된 기준 및 비율에 의하여 산정된 경상기술료가 이러한 최저기준에 미달할 경우에는 최소기술료로서 기술료의 최저금액을 지급하도록 하는 경우가 있다.[261] 최소기술료는 기술이용자가 판매 또는 영업실적 부진 등으로 경상기술료가 금액이 낮을 경우 기술제공자에게 최소한의 기술료를 보장하는 방법이다. 최소기술료는 기술이용자가 적절한 성과를 달성하도록 노력하게 하는 수단이 된다.[262] 최소

---

257) Massachusetts Business Lawyering Volume I § 15.6.2 (a).

258) 이태희, 전게서, 381면.

259) 럭키금성, 전게서, 106면.

260) *Id.*

261) 이태희, 전게서, 381면.

262) Robert Goldscheider, *The Negotiation of Royalties and other Sources of Income from Licensing*, 36 IDEA 1, 12 (1995).

기술료는 일반적으로 배타적 기술사용허락계약의 경우에 유용하나,[263] 비배타적 기술사용허락계약의 경우에도 기술제공자의 현금흐름에 도움을 주기 위해서 사용되기도 한다.[264] 단순히 산정된 기술료가 최소기술료에 미치지 못할 경우에 기술이용자가 최소기술료를 지급하도록 규정하는 것 외에도, 기술이용자가 최소기술료를 몇 년간 계속 달성하지 못하는 경우에는 배타적 사용허락을 비배타적 사용허락으로 변경, 기술사용 지역의 축소, 기술을 이용한 생산품목의 축소 등 기존의 기술이용자의 권리를 축소할 수 있는 권한을 기술제공자에게 부여하는 방법이나 이용허락계약을 해지할 수 있는 권한을 부여하는 방법을 사용할 수 있다.[265]

다. 가변기술료(variable rates royalty)

가변기술료는 기술사용허락을 받은 제품의 판매수량에 따라 기술료율을 변화시킨 기술료를 말한다.[266] 가변기술료를 이용할 경우 판매수량에 따른 기술료 적용 구간을 구분하여, 판매수량의 적은 구간보다 많은 구간에 상대적으로 낮은 기술료율을 적용하는 구조를 이용하는 경우가 많다.[267] 가변기술료는 제품의 판매수량 이외에도 기간에 따라 기술료율을 변화시키는 경우도 있고, 기간과 제품판매 수량을 결합하여 기술료율을 변화시키는 경우도 있다.[268]

라. 기술료 지급방법

기술료 지급방법과 관련하여 기술료 지급 연체 시 이자가 부과되는지 여부 및 국제기술사용허락계약에서는 매출액의 화폐단위와 기술료의 화폐단위가 상이한 경우가 발생할 수 있으므로 기술료 산정에 있어서 적용되는 환율의 기준시점 등을 명확히 하여야 한다.

기술제공자 입장에서는 기술료지급 연체 시 연체이자부과 조항을 기재하는 것이 바람직하며, 기술도입자의 입장에서는 환율의 결정시기 및 방법을 정함에 있어서는 실제 지급일자에

---

263) 이태희, 전게서, 381면: *Id* at 12 참조.

264) Robert Goldscheider, *supra* note 261, at 12.

265) *Id.*

266) 이태희, 전게서, 382면.

267) 매출액이 증가함에 따라 기술요율을 낮게 적용하는 예로는 Robert Goldscheider, 1 Eckstrom's Licensing-Forms § 4:44 , § 4:57 (2007) 참조.

268) Massachusetts Business Lawyering Volume I § 15.6.2 (a).

적용되는 기술도입국 내의 환율을 적용하는 것이 바람직하다.[269]

마. 기술료 산정근거 계산 및 보고

기술료 특히 경상기술료는 매출액과 밀접한 관련을 갖는 경우가 많기 때문에, 기술료 계산의 정확성을 확인할 수 있도록, 계약기간 내에 주기적으로 기술이용자가 기술제공자에게 매출액, 순매출액, 기술료, 원천징수액 등을 기재한 계산서류를 제출하도록 하고, 기술제공자가 원할 경우 그 정확성을 검사하기 위하여 공인회계사 등을 이용하여 장부를 검사하도록 할 수 있도록 규정하는 경우가 많다.[270]

(2) 개량기술

기술제공자가 기술제공 후에 개량기술을 발명하거나, 기술이용자가 사용허락 받은 기술에 근거하여 개량기술을 발명하는 경우가 있을 수 있다. 이러한 경우에 기술제공자와 기술이용자가 서로 상대방에게 자신이 개발한 개량기술을 사용 허락하는 교차사용허락(cross license)을 하도록 규정하거나. 기술사용자가 개발한 개량기술에 대해서만 일방적으로 기술제공자에게 사용허락을 하도록 할 의무를 부과하는 개량기술의 일방적 제공(grant back license)이 있다.

개량기술에 대한 교차사용허락이나 일방적 제공을 규정하는 이유는 기술이용자의 기술력 향상으로 제공받은 기술을 개량하여 기술제공자의 기술을 앞서갈 수가 있는데, 미리 개량기술에 대한 권리를 확보해 두지 않으면 기술력의 역전으로 기술제공자가 기술이용자가 개발한 개량기술을 사용하지 못함으로써 경쟁에서 불리한 위치에 있게 될 수도 있기 때문이다.[271] 특히 기술이용자가 개량기술을 사용하려면 기술제공자의 기술을 침해할 수밖에 없고, 기술제공자는 기술이용자의 개량기술을 사용하지 않고서는 경쟁력 있는 제품이나 서비스의 제공을 할 수 없는 경우에 개량기술에 대한 교차사용허락이 유용하다.[272]

---

269) 럭키금성, 전게서, 121면.
270) 이태희, 전게서, 383면.
271) 이태희, 전게서, 385면.

개량기술에 대한 규정을 하려면, 개량기술의 범위를 명확히 규정하는 것이 필요하며, 기존의 기술사용허락기간이 종료할 경우 개량기술에 대한 사항은 계약종료에도 불구하고 유효하게 존속하는지 등 계약기간 종료 시 개량기술의 관한 사항의 처리방법에 대하여 명확히 규정해야 할 것이다.

특히 개량기술의 일방적 제공을 규정할 경우 관련국의 독점금지법의 내용을 확인하고 이에 위반되지 않도록 조항을 구성할 필요가 있다. 우리나라의 경우 독점규제및공정거래에관한 법률에 의하여 기술도입자가 이룩한 개량기술을 기술제공자에게 대가없이 소유권 또는 독점(비독점) 실시권을 주도록 하거나 기술도입자의 개량기술을 기술제공자에게 일방적으로 보고 또는 통지하는 것은 국제계약상 불공정거래행위에 해당될 수 있다.[273] 그러나 기술도입자에게 개량기술의 개발에 소요된 기술개발비 및 예상수익을 포함한 대가를 제공하고 공동소유권 또는 독점(비독점) 실시권을 기술제공자에게 주는 경우, 개량기술에 대하여 계약당사자가 각자 상대방에게 보고 또는 통지하거나 상호 대등한 조건으로 독점(비독점) 실시권을 주는 경우, 계약기술의 품질이나 성능의 보증을 위하여 불가피하여 도입자가 자신의 개량기술을 사용하거나 실시하기 전에 기술제공자에게 보고 또는 통지하도록 하는 경우 등은 독점규제및공정거래법상 불공정거래행위에 해당하지 않는다.[274]

(3) 최혜대우조항(Most Favored Licensee Clause)

최혜대우조항은 비배타적 기술사용허락의 경우에 사용되는 조항으로서, 기술사용허락계약의 체결 후에 기술제공자가 제3자에 대하여 기존의 기술이용자보다 유리한 조건으로 기술사용허락계약을 체결하는 경우, 자동적으로 또는 기술이용자의 선택에 의하여 기존의 기술이용자에게 제3자의 유리한 조건과 동일한 조건으로 계약을 변경할 수 있는 권리를 인정한 조항을 말한다.[275] 이러한 조건을 규정하는 이유는 비배타적 기술사용허락의 경우, 기술이용자 상호 간에 동일한 국가나 지역내의 시장에서 상호 경쟁할 수 있게 되는데 계약조건이 불리

---

272) Yee Wah Chin and Kathryn E. Walsh, *Antitrust Pitfalls in Licensing*, 867 PLI/Pat 221, 244 (2006).

273) 국제계약상불공정거래행위등의유형및기준, 제3조 제11호.

274) 국제계약상불공정거래행위등의유형및기준, 제3조 제11호 〈참고: 공정한 경우〉.

275) 이태희, 전게서, 387면; Gerald Sobel et al., *Licensing Clause*, 190 PLI/Pat 495,536 (1984).

한 기술이용자는 계약조건이 유리한 기술이용자보다 경쟁력이 약화될 수 있으므로, 기존의 기술이용자는 자신의 경쟁력 열위를 방지하기 위한 수단이 필요하기 때문이다.

(4) 권리침해 방지를 위한 소치

가. 특허, 상표, 라이선스 등의 표시

기술사용자는 자신의 기술이 개발한 기술을 사용하는 것이 아니라 사용허락을 받은 기술을 사용하는 것이므로, 기술제공자는 기술사용자가 생산한 제품이나 서비스 등에 자신이 특허, 상표, 라이선스 등을 보유하고 있음을 표시하도록 하거나 특허나 상표 등의 표지를 제품에 표시할 의무를 계약으로 기술사용자에게 부과하는 경우가 많다. 특히 특허표지(patent notice)나 상표표지(trademark notice)를 제품에 표시하게 되면, 제3자에 대하여 특허나 상표로 보호되는 권리라는 사실을 고지하게 될 뿐 아니라 침해행위에 대하여 적절한 경고를 하는 의미가 있게 되어, 권리침해를 방지하는 조치로서의 효과도 가지게 된다.

나. 제3자에 의한 권리침해 방지

기술사용허락계약에 의한 기술을 사용함에 있어서, 사용허락지역 내에서 제3자에 의한 특허나 상표침해 등 권리침해가 일어난 경우에. 기술사용허락자가 직접 침해에 대한 소송을 제기하거나 권리침해를 방지하기 위한 조치를 취하려면 당해 국가에 소재하는 권리사용권자의 도움이 없이는 적시의 조치를 취하기가 사실상 어렵다. 따라서 통상 기술사용허락계약에는 기술사용자가 자신의 사용허락지역 내에서 일어난 권리침해에 대하여 사용허락자에게 제3자에 의한 침해사실을 통지하도록 하고, 권리침해에 대한 소송제기여부에 대한 결정권이 누구에게 있는지, 침해구제를 위한 소송에 기술사용자가 참여할 의무가 있는지 여부 등에 대하여 명확히 규정할 필요가 있다.

(5) 기술제공자의 담보책임

기술사용허락의 대상인 권리에 하자가 있을 경우 이에 대한 담보책임이 문제된다. 특허나 상표에 대한 심사가 있더라도 후에 특허나 상표의 등록이 무효가 되는 경우가 발생할 수 있으므로, 사후 권리의 유효성에 대한 담보책임을 둘러싼 분쟁을 방지하기 위한 명확한 규정을 둘 필요가 있다.[276]

기술제공자는 예기치 못한 자신이 제공한 권리의 무효 등으로 인한 담보책임을 회피하기 위하여, 담보의무를 제한하거나 면제하는 것을 선호하게 된다.[277] 담보책임을 배제하기 위한 방법으로서 계약서에 담보책임을 배제하는 조항(disclaimer of warranty)을 규정하는 방법이 널리 이용된다.

또한 기술제공자나 기술사용자는 기술사용으로 인한 책임에 대한 면책(indemnification)을 계약서에 규정하는 경우가 많다. 기술이용자의 입장에서는 기술제공자로부터 받은 기술을 사용하는 것에 대하여 제3자로부터 특허침해 소송을 제기 당한 경우 기술이용자는 이로 인한 손해를 보상받을 필요가 있으며, 기술제공자의 입장에서는 기술이용자가 생산 또는 판매한 제품에 대하여 기술이용자를 상대로 불법행위 또는 제조물책임 소송이 제기되는 경우에 발생할 수 있는 손해 등으로부터 자신을 면책시킬 필요가 있다.[278] 기술사용자가 기술을 사용하여 사업을 하면서 제3자에게 손해를 발생시킨 경우에 기술제공자가 기술을 제공하였다는 이유로 손해배상 청구를 받는 등 손해가 기술제공자에게 미치지 못하도록 하기 위하여, 기술사용자의 기술사용으로 인하여 기술제공자에게 어떠한 손해도 미치지 않도록 할 의무를 기술사용자에게 부여하는 조항을 규정하는 경우가 많은데, 그러한 조항을 indemnification 조항 또는 hold harmless 조항이라고 한다.[279] 이러한 indemnification 또는 hold harmless 조항은 기술이용자가 기술제공자로부터 사용허락을 받은 기술의 사용으로 제3자로부터 특허 침해소송을 제기 당한 경우에 기술이용자에게 어떠한 손해도 미치지 않도록 할 의무를 기술제공자에게 부여하는 경우에도 사용될 수 있다.

---

276) 이태희, 전게서, 394~395면 참조.

277) 이태희, 전게서, 395면 참조.

278) Gerald Sobel et al., *Licensing Clause*, 190 PLI/Pat 495,524 (1984).

279) 이태희, 전게서, 396면: Gerald Sobel et al., *supra* note 278, at 524 참조.

(6) 계약의 양도 및 Sub-license

계약의 양도는 기술사용허락계약의 당사자의 지위를 양수인에게 이전하는 것이어서, 양도인은 양도 후에 계약당사자의 지위를 상실하게 된다. 기술의 재사용허락(sub-license)은 기술사용자가 계약당사자의 지위를 그대로 유지하면서, 기술사용허락기간 내에서 제3자에게 기술사용을 허락하는 것을 말한다.

기술의 양도나 재사용허락이 특히 문제되는 경우로는 합병과 영업양도를 들 수 있다. 기술사용자가 계약기간 내에 합병이나 영업양도 등으로 당해 기술을 이용한 사업이 제3자에게 양도될 경우에, 영업양수인이나 합병 후의 법인은 기존의 기술을 계속 사용할 수 있는지 여부가 매우 중요한 사항이 된다. 따라서 합병이나 영업양도의 경우 기존 기술의 양도 또는 재사용허락 여부가 합병가치 또는 영업의 가치 평가에 매우 중요한 요소가 된다.

그러나 기술제공자의 입장에서는 기술사용자가 사용하던 기술을 제3자에게 양도하거나 재사용을 허락함으로써 그 기술이 기술제공자의 경쟁자나 잠재적 경쟁자에게 이전될 경우에는, 기술제공자에게 매우 치명적인 손해가 발생할 수 있다. 또한 기술력이 부족한 제3자에게 양도되거나 재사용허락이 되면 제품이나 서비스 품질의 하락으로 기술제공자의 브랜드의 명성에 해가 될 수도 있다. 따라서 기술제공자는 기술의 양도나 재사용허락에 대해서 통제할 필요가 있으며, 일반적으로 자신의 사전 서면동의 없이는 제3자에게 기술을 양도하거나 재사용허락을 할 수 없다고 계약서에 규정하는 경우가 많다.[280]

기술사용자가 자회사나 지배 종속관계에 있는 관련회사 등에게 기술을 양도하거나 재사용허락을 하는 경우에는, 기술제공자의 입장에서는 기술제공자와 관련이 없는 제3자에게 기술이 재사용 허락되는 경우와 달리 기술제공자에게 예상치 못한 경쟁회사에 기술이 이전되는 것과 같은 치명적인 손해가 없을 수도 있으므로, 이러한 경우에 대하여 계약서에 예외적으로 기술제공자의 사전 동의 없이 기술양도나 재사용허락을 허용하는 규정을 두는 경우가 많다.

(7) 계약기간 및 해지

기술사용허락계약의 계약기간은 당해 기술의 발달주기와 밀접한 관련이 있다. 따라서 기술

---

280) 이태희, 전게서, 398~399면 참조.

주기에 상응하게 계약서에 계약기간을 명시하는 것이 필요하다. 특히 기술진보가 빠른 기술에 대해서는 계약기간을 짧게 할 필요가 있다.[281] 기술진보로 당해 기술을 계약기간 종료 후에 계속 사용할 필요가 있는지를 계약체결 시에 명확히 판단하기 어려운 경우에는 장기로 계약기간을 설정하기보다는 일정한 계약기간을 설정한 후, 당해 계약기간 후에 계약을 갱신하기 위한 절차에 관한 조항을 두는 것이 보다 합리적이다.[282]

계약기간 내에 일정한 사유가 발생한 경우에는 계약을 해지할 수 있도록 해지권을 부여하거나 자동 해지사유를 규정하는 경우가 많다. 그 이유는 당사자의 중대한 계약위반이나 신용상태의 중대한 변경이 있는 경우에는 계약을 유지하는 것이 바람직하지 않기 때문이다. 따라서 당사자가 로열티 지급이 곤란한 사정이나 기술이전의 전제조건이 충족될 수 없는 사유 등 계약기간 내에 발생할 수 있는 중대한 사유에 대해서는 계약해지 사유로 사전에 명시하는 것이 필요하다.

계약기간 종료나 계약해지의 경우에는 기술을 이용하여 생산한 재고품 처리가 문제되는데, 통상 재고품에 대해서는 기술료를 지급하는 것을 조건으로 계약종료 후에도 일정기간 동안 기술사용자가 판매할 수 있도록 하거나 일정한 조건으로 기술제공자가 매수하도록 규정하는 방법이 사용된다.[283] 완성된 재고품이 아닌 생산과정에 있는 물품에 대해서도 재고품과 유사하게 처리하기도 한다.

---

281) 이태희, 전게서, 400면.

282) 부록 Ⅳ 기술사용허락계약 Technical License Agreement 제2조 참조.

283) 부록 Ⅳ 기술사용허락계약 Technical License Agreement 제11조 f 참조.

제 4 장

해외직접투자

1. 해외직접투자의 유형

　　해외직접투자는 투자대상기업에 대한 경영지배 또는 경영참여를 목적으로 국내의 자본 기술 및 인력이 함께 해외로 진출하여 해외에서 기업을 경영하는 것을 말한다.[284] 해외직접투자는 해외에서 기업을 신설하거나 기존 기업을 인수하기 위하여 자본의 이전이 수반되는 특징이 있다.[285] 따라서 해외직접투자는 국제수지상 외환의 지출을 가져오므로, 우리나라에서는 불건전한 투자를 방지하기 위하여 외국환거래법 및 외국환거래규정[286]에서 외환의 지급 및 회수와 관련하여 상세한 규정을 두고 있다.[287]

　　해외직접투자의 형태는 여러 가지 기준에 따라 분류될 수 있으나,[288]해외에 진출하는 기업의 형태에 따라 연락사무소, 지점, 현지법인 등으로 분류할 수 있다. 이러한 분류방식은 해외직접투자 시 가장 기본적인 투자방식에 대한 의사결정과 관련이 있을 뿐 아니라 기업형태에 따라 해당국의 법적 규제를 받는 정도에서 차이가 있으므로 법적인 측면에서 현실적으로 중요한 의미가 있는 분류방법이다. 연락사무소는 본사와의 연락과 시장정보의 수집을 위한 활동을 하며 독자적인 영업활동을 하지 않기 때문에, 현지의 법적 제한을 최소화 할 수는 있으나 활동범위에 제한을 받게 되는 단점이 있다.[289] 지점은 본사의 통제를 받기는 하지만 독자적인 영업활동이 가능한 장점이 있는 반면, 지점과 본점이 법률적으로는 동일한 주체에 속하기 때문에 지점의 활동이 회사 전체에 책임을 미칠 수 있고 지점소재국의 세법 및 노동법, 위생안전 관련법규의 적용을 받게 될 경우가 많다.[290] 현지법인은 본국의 모회사와는 독

---

284) 이태희, 전게서, 611면.

285) Ralph. H. Folsom et al., *Principles of International Business Transactions, Trade and Economic Relations*, Thomson/West (2005), pp.554-555 참조.

286) 가장 최근에 개정된 것으로는 재정경제부고시 제2006-26호, 2006년 8월 3일 고시.

287) 이태희, 전게서, 623~631면 참조.

288) 해외 진출목적 또는 동기에 따라 생산요소 지향형 투자, 시장지향형투자, 경제협력형투자, 다국적 기업형 투자 등으로 구분하기도 하고, 투자방법에 따라 증권취득, 대부, 부동산취득, 기술용역 제공, 해외자원개발, 개인기업 영위 등으로 구분하기도 한다(이태희, 전게서, 617~618면).

289) 이태희, 전게서, 621면: 현지의 세법을 비롯한 일반적인 법적 규제를 피하기 위해서 연락사무소가 사용된다. 특히 현지 세법의 적용을 피하기 위하여 고객으로부터의 주문이나 대금지급은 연락사무소가 아닌 본국에 있는 회사가 직접 받게 된다(Lawrence E. Koslow, *Business Abroad*, Gulf Publishing Company (1996), p.206-207).

290) 이태희, 전게서, 621~622면: Lawrence E. Koslow, *supra* note 289, at 207- 208 참조.

립된 법인격을 가진 회사를 설립하는 것으로서[291] 현지의 실정법에 따른 설립절차를 거쳐야 하며 현지의 일반법인과 동일한 법적취급을 받게 되지만, 설립과 운영에 가장 비용이 많이 드는 해외투자형태라고 할 수 있다. 특히 현지법인을 설립할 경우 구체적으로 어떤 회사형태를 선택할 것인지를 결정하는 것도 매우 중요하다.[292]

현지법인을 설립할 경우에는 단독으로 100% 지분을 출자하여 설립할 수도 있지만, 100% 사회사의 설립이 현지의 법률상 허용되지 않는 경우나[293] 사업상 현지의 파트너와 공동으로 회사를 설립하는 것이 보다 유리한 경우 등을 감안하여 합작투자형태로 회사를 설립하는 경우가 많다. 또한 현지의 합작투자회사의 영업에 필요한 설비를 합작파트너가 현물출자를 하는 경우도 있지만, 현지의 합작파트너나 제3자로부터 합작회사가 영업양수의 형태로 취득하는 경우도 많다. 특히 현지 합작파트너가 영위하는 여러 종류의 영업 중 일부 영업을 분리하여 영업양도를 하는 경우에는 기업구조조정의 수단으로 영업양수도가 사용될 수도 있다.

본서에서는 해외직접투자 형태와 관련된 정치한 계약형태 중의 하나인 합작투자계약에 대해서 상세한 설명을 하려고 한다. 합작투자계약은 매우 복잡하고 정치한 계약 유형이므로 합작투자계약에 대한 중요 쟁점과 고려사항을 이해하게 되면, 보다 간략한 구조의 국제계약을 이해하는 데 도움이 된다.

2. 합작투자계약(Joint Venture Agreement)

(1) 계약의 특징

합작투자계약은 국적이 상이한 둘 이상의 자연인, 회사 또는 공법인 등이 특정사업의 공동 수행을 위하여 상당기간 공동으로 투자할 것을 내용으로 하는 계약을 말한다.[294] 합작투자

---

291) 이태희, 전게서 622면.

292) Lawrence E. Koslow, *supra* note 289, at 208.

293) 외국인의 투자의 경우 현지 내국인과의 합작투자를 의무화하거나 외국인의 지분한도를 제한하는 법규가 있는 국가에 투자하는 경우 현지에 100% 자회사를 설립하는 것이 허용되지 않는다 (Ralph. H. Folsom et al., *supra* note 285, at 563, 567 참조).

계약은 해외직접투자를 위하여 투자당사자들이 공동으로 합작회사를 설립한다는 점에서, 단독으로 100% 자회사를 설립하는 방식에 의한 해외직접투자와 구별된다. 합작투자계약은 합작회사의 설립과 그 운영에 관하여 합의한 사항을 계약한 내용을 말하며, 일반적으로 설립될 회사의 정관(articles of incorporation)을 합작투자계약서에 첨부한다. 따라서 합작투자계약서의 중요한 내용으로는 합작회사의 설립 및 출자와 지분과 관련된 사항, 합작회사의 경영과 관련된 사항, 주주 간 계약에 관한 사항 등이 포함된다.[295]

합작투자계약은 주주가 될 당사자 간의 채권계약이며, 그 이행과 관련하여 강행법인 합작회사 설립의 준거법인 회사법과 상충되는 경우가 발생할 수도 있다. 따라서 합작투자계약서의 내용이 회사법에 반하는 경우에 그 효력이 문제가 되나, 일반적으로 회사의 본질과 관련된 중요한 사항이 아닌 경우에는 회사법상 효력만 없고, 채권적 효력까지 부인되는 것은 아닌 것으로 해석된다.

합작투자는 투자 위험의 분담 또는 경감, 규모의 경제 실현, 시장 접근, 현지 정부와의 관계, 기술의 교환 또는 공동 이용, 현지 자본시장 및 자금조달, 현지 고용관계 등에서 많은 장점이 있으나[296], 합작파트너와 이익의 공유하여야 하며 기술의 통제가 어렵고, 문화적 또는 경영방식의 차이로 인한 이견 등으로 인한 단점도 있을 수 있다.[297]

우리나라 국내법으로서 합작투자계약과 관련되는 중요한 법으로는 독점규제 및 공정거래에 관한법률과 외국환거래법이 있다.[298]

(2) 합작투자계약의 체결과정

합작투자계약은 매우 복잡한 과정을 통하여 계약이 체결되는 것이 일반적이다. 합작투자계약의 절차에 법률상 일률적으로 규정된 바는 없으나, 실무상 일반적인 합작투자계약의 체결과정을 설명하면 다음과 같다. 우선 합작계약은 계약당사자가 사업의 성공가능성 및 타당성을 검토하는 데부터 출발한다. 타당성 검토를 위해서는 해외에 직접 투자와 관련된 사업적인

---

294) 이태희, 전게서, 333면.

295) 이태희, 전게서, 334면 참조.

296) Lawrence E. Koslow, *supra* note 289, at 178-180.

297) *Id.* at 181-182.

298) 이태희, 전게서, 337면.

측면과 법적인 측면에서 당해 합작이 가능성이 있는지 여부를 전문가인 컨설팅회사나 변호사의 도움을 받아 검토하게 된다. 타당성 검토 결과 합작투자가 긍정적이라고 판단되면, 합작가능성이 있는 상대방과 접촉하여 합작투자를 위한 협상을 시작하게 되는데, 합작투자조건을 협상하기 위하여 상대방으로부터 합작사업과 관련된 판단에 필요한 여러 가지 비공개정보를 받는 경우가 많기 때문에 이러한 정보를 넘겨받기 전인 협상 초기에 비밀유지계약(Non-Disclosure Agreement: NDA)을 체결하는 것이 보통이다.[299] 비밀유지계약 체결 후에 각자 상대방에게 필요한 정보나 자료를 요청하여 상대방의 신용상태나 기존사업에 대한 분석을 하게 된다. 이러한 자료를 통하여 구체적인 합작투자조건에 대하여 어느 정도 방향이 정해지면, 협상을 통하여 합작투자의 기본적인 구조와 핵심사항에 대하여 상대방과 협상하게 된다. 합작투자와 관련된 협상과정은 장기간에 걸쳐서 진행되는 경우가 일반적이기 때문에, 협상과정에서 합작투자의 기본조건 등 중요한 사항에 대하여 당사자가 합의한 사항이 있게 되면, 이러한 쟁점에 대한 합의를 확인하고 향후 협상의 방향을 명확히 하기 위하여 양해각서(Memorandum of Understanding: MOU) 또는 의향서(Letter of Intent: LOI)를 작성하는 것이 일반적이다.[300] 양해각서를 체결한 후 상대방의 기존 사업을 합작회사에 영업양도하거나 상대방의 기술을 합작회사에 사용허락을 하는 경우 등 합작투자와 관련하여 상대방의 자산, 기술, 노하우, 관련 면허 등을 확인하는 것이 필요한 경우에는 이에 대한 실사(due diligence)를 하게 된다. 이러한 실사결과를 바탕으로 구체적인 합작투자조건을 여러 차례 계약서안의 교환과 협상을 통해서 최종 계약서안을 확정하게 되면, 양 당사자를 대표하는 자가 합작투자계약서에 서명을 하게 된다. 그런데 합작투자당사자가 회사인 경우 회사법상의 책임과 권한을 고려하여 합작투자계약의 효력발생을 이사회의 결의를 조건으로 하는 경우가 일반적이며 합작투자계약에 정부의 승인이나 신고가 필요한 경우에는 그러한 승인이나 신고가 유효하게 되는 것을 조건으로 하여 계약하게 되기 때문에, 각 계약당사자는 계약서에 규정된 효력발생 조건에 따라 각 당사자의 이사회의 합작투자계약 승인이나 필요한 정부 승인이나 신고를 유효하게 하면 계약이 효력을 발생하게 된다. 이러한 합작투자계약의 체결과정은 장기에 걸친 협상을 거치는 것이 일반적이기 때문에, 회의 과정이나 중간적인 합의사항에 대해서는 반드시 문서로 기록을 남기는 것이 향후 계약의 성립여부나 계약조항의 해석여부에 대한 분쟁에 대비하고, 협상의 효율적인 진행을 도모할 수 있다는 점에서 매우 필요하다.

---

299) 부록Ⅱ에 첨부된 영문 비밀유지계약서 참조.

300) 부록 Ⅰ에 첨부된 영문 의향서 참조.

(3) 합작투자계약의 중요조항

가. 합작회사의 설립

합작회사의 설립과 관련하여서는 합작회사의 명칭, 설립준거법, 목적, 회사형태, 주된 사무소의 위치 등이 일반적으로 규정된다.[301] 특히 회사의 목적은 당사자가 의도하는 사업범위를 확정하고 부당한 사업범위의 확장을 통제하기 위하여, 명확하게 규정될 필요가 있다.

나. 출자와 지분 및 자금조달

합작당사자의 합작회사의 지분[302]과 출자방법[303]에 대해서 규정하여야 한다. 특히 회사의 경영진이 증자를 결정할 경우, 각 당사자가 반드시 출자하여야 할 의무가 있는지 여부에 대한 추가출자의무와 관련된 사항을 명백히 함으로써, 증자 시 추가 출자의무 여부에 대한 분쟁을 예방할 수 있다.[304] 회사가 자금을 조달하는 방법으로는 출자 이외에도 차입에 의한 방법이 있는데, 과도한 차입은 회사의 부실을 초래를 할 수 있는 만큼, 차입시기, 규모, 조달방법 및 절차에 대하여 사전에 합의하는 것이 바람직하다.[305]

다. 회사의 기관

1) 이사회

회사의 경영과 관련된 중요한 사항은 이사회에서 결정하게 되는데, 합작회사의 경우에는

---

301) 합작회사의 명칭, 목적, 형태와 관련하여 고려하여야 할 사항에 대해서는 Lawrence E. Koslow, *supra* note 289, at 189-190.

302) 지분과 경영권과 관련한 논의에 대해서는 Lawrence E. Koslow, *supra* note 289, at 184-186 참조. 지분율은 회사의 경영권과 밀접한 관계가 있기 때문에 합작투자계약 협상의 중요한 쟁점이 된다.

303) Lawrence E. Koslow, *supra* note 289, at 191 참조.

304) 증자와 관련하여 합작투자계약의 일방 당사자는 증자를 원하나 타방 당사자가 증자를 원하지 않을 경우, 기존의 지분율에 변동이 있더라도 일방 당사자만 증자에 참여하는 것이 허용되는지 여부나 제3자가 증자에 참여하는 것이 허용되는지 등에 대한 고려가 필요하다(Lawrence E. Koslow, *supra* note 289, at 186).

305) 이태희, 전게서, 348면; Lawrence E. Koslow, *supra* note 289, at 186 참조.

합작당사자가 지분에 비례하여 이사를 지명하고, 지명된 이사의 선임에 상대방이 협조하도록 규정하는 것이 일반적이다. 이사회의 결의사항 중 합작당사자에게 매우 중요한 사항에 대해서는 회사법에서 규정된 일반적인 의결정족수를 가중하여 규정하거나 이사전원의 찬성을 요구하는 사항으로 규정하는 방법이 사용되기도 한다. 특히 회사 이사 수의 과반수를 일방 당사자가 지명한 자를 선임하도록 하는 경우에는 상대방 당사자의 보호를 위하여 중요한 사항에 대해서는 적어도 상대방의 의사가 반영될 수 있도록 찬성결의에 필요한 이사 수를 규정할 필요가 있다.

2) 주주총회

주주총회는 법률상 주주총회에서 결의하도록 규정된 사항 이외에도 일반적으로 당사자가 정관에 의하여 결의사항을 추가하는 것이 가능하므로, 당사자가 계약으로 주주총회에서 결의할 사항을 추가로 열거하고 정관에도 규정하는 것이 가능하다. 합작투자계약서에서 주주총회의 결의사항에 대해서도 소수지분권을 갖는 당사자가 중요한 사항에 대한 의사결정에 실질적인 의사결정에 참여할 수 있도록 결의요건을 가중하는 것에 대하여 사전에 합의를 할 필요가 있으며, 이러한 가중된 결의요건(supermajority)은 계약협상 시 중요한 협상쟁점이 된다.

3) 임 원

회사의 일상적인 업무처리에 관한 재량권을 가지고 업무를 수행하는 고위업무담당자를 회사의 임원이라고 할 수 있는데, 영미법상은 회사법상 임원에 대한 명문의 규정이 있으나 우리나라의 경우에는 임원에 대한 명문의 규정은 없으나, 회사실무상 임원이 이용되고 있다. 현재 추진 중인 상법개정안[306]에는 우리나라의 경우에도 집행임원제도를 도입하고 있다.

합작회사의 실질적인 운영에 임원이 미치는 영향이 매우 크므로, 합작투자회사의 경우에는 일방당사자가 사장을 지명하는 경우에는 상대방 당사자는 부사장이나 재경담당임원을 지명하는 것과 같이 임원지명을 당사자가 나누어서 하도록 하는 것이 일반적이다. 그러나 임원지명은 당사자가 경쟁력이 있거나 노하우가 많은 분야의 임원을 지명하도록 하는 것도 일반적으로 이용된다. 예컨대, 기술을 제공하는 당사자는 기술담당임원을 지명하도록 하고, 제품 판매에 경험과 노하우가 있는 당사자는 판매담당임원을 지명하도록 합의할 수 있다.

---

306) 상법(회사편) 일부개정법률(안) 입법예고, 법무부공고 제2006-106호, 2006.10.4.

라. 주식양도제한

합작회사는 장기간 운영될 것을 전제로 하여 합작당사자 간의 신뢰를 바탕으로 설립되는 것이 일반적이므로, 합작회사 설립 후 일방 당사자가 그 지분을 제3자에게 양도하는 경우에는 본래의 합작의도나 목적을 달성하기 어렵게 될 수 있다. 따라서 합작투자계약서에는 일반적으로 일정기간 주식양도를 제한하는 규정을 두는 것이 보통이며, 주식양도를 제한하는 방법으로는 절대적 양도금지, 상대방의 동의를 요구하는 방법, 상대방에 우선매수권을 부여하는 방법(right of first refusal), 매도선택권(put option) 또는 매수선택권(call option)을 부여하는 방법 등이 이용된다.[307]

특히 주식양도제한이 합작투자계약서에 규정된 경우에는, 위반 시 손해배상액을 입증하기가 쉽지 않고 위반도 억제한다는 의미에서 위약금을 약정하는 경우가 많다. 다만, 위약금 액수가 지나치게 과다한 경우에는 영미법이 계약의 준거법인 경우에는 영미법상 위약금(liquidated damages)이 아닌 벌금(penalty)으로 해석되어 약정의 효력이 부인될 수 있음에 주의할 필요가 있다.

마. 교착상태(Deadlock)

합작투자 당사자 간의 의사의 불일치로 이사회가 정족수 미달로 성립할 수 없거나 이사회에서 합작회사에 필요한 중요한 의사결정을 할 수 없게 되는 경우에는 교착상태에 빠지게 된다. 이러한 교착상태는 회사의 합리적 운영을 불가능하게 하고 회사사업의 계속적 진행에 지장을 초래하게 되므로[308], 일정한 중요한 사항에 대해서는 교착상태가 발생하면 이를 해결하기 위한 절차를 미리 계약서에 규정하는 것이 바람직하다.

교착상태를 타개하는 방법으로 교착상태가 발생하면 일정기간 동안 교착상태의 해소를 위해서 노력하고, 그래도 교착상태가 지속되는 경우에는 일방이 상대방의 지분의 매수를 청구할 수 있는 권리를 부여하는 방식이 사용되기도 한다. 기타 교착상태를 타개하는 방법으로는 당해 사항을 주주총회에서 결정하도록 하거나, 중재에 의하거나, 이사회의장에게 결정권을 부여하거나, 정관에서 미리 교착상태 발생 시 일정사항에 대한 결정권한을 특정 책임자에게

---

307) 이태희, 전게서, 354면 참조.
308) 이태희, 전게서, 356면.

부여하거나, 양당사자가 모두 받아들일 수 있는 공평한 제3자를 이사로서 참여시켜 이사회를 구성하는 방법 등을 사용할 수도 있다.[309] 지분 매수방식은 일방 당사자가 경제적인 보상을 받고 합작상태를 종료시키는 점에서, 이미 교착상태로 신뢰상태가 지속될 수 없는 합작회사의 경우에 매우 합리적인 해결방법이라 할 수 있다.

(4) 합작투자계약의 종료

합작투자계약은 명시적 계약기간이 없는 것이 보통이며, 합작회사가 존속하는 한 지속되는 장기의 계약이 일반적이다. 따라서 합작회사의 운영 중 합작을 지속하기 어려운 상황이 발생할 경우, 합작계약의 종료에 대하여 당사자 간의 합의가 성립되지 못하면 일방적으로 합작계약을 종료시킬 수 없게 된다. 그러나 합작투자계약서에 당사자가 예상할 수 있는 합작투자계약 해지사유를 명시하고, 당해 사유가 발생한 경우 계약 해지의 절차와 효과를 미리 규정해 두면 당사자 간의 합의가 성립되지 않더라도 합작투자 종료사유 발생 시 일정한 절차에 따라 계약을 해지시킬 수 있다. 일반적으로 이용되는 합작투자계약 해지 사유로는 계약의 중대한 위반, 파산, 수용, 정부의 조치로 인한 중대한 악영향, 불가항력(force majeure), 관련 계약의 종료 등이 있다. 계약해지의 사유가 발생한 경우에는 일반적으로 계약해지의 의사를 상대방에게 통지함으로써 계약을 종료시키지만, 특정 사항에 대해서는 계약 해지의 의사를 상대방에게 통지하지 않아도 당해 사유의 발생만으로 자동적으로 계약이 종료되는 것으로 규정할 수도 있다. 계약이 종료되더라도 계약해지와는 별도로 계약종료의 원인을 발생시킨 당사자에게 손해배상을 청구할 수 있도록 규정하기도 한다. 합작계약이 종료되면, 합작회사의 지분을 상대방에게 매도하거나 상대방의 지분을 매수하는 방법으로 회사를 지속시키는 것이 일반적이지만,[310] 당사자 간에 지분매수의 합의가 성립되지 못할 경우에는 합작회사를 청산하도록 규정하기도 한다.

---

309) 이태희, 전게서, 356~357면 참조.

310) Lawrence E. Koslow, *supra* note 289, at 187 참조.

제 5 장

국제거래상 분쟁해결

1. 분쟁해결 방법의 선택

국제계약은 문화 및 법제도가 상이한 당사자 간에 체결되기 때문에, 계약의 성립여부 및 해석과 이행에 있어서 이견이 있을 경우, 분쟁의 가능성이 높다.[311] 일단 분쟁이 발생할 경우 당사자 간에 자율적인 해결이 바람직하나, 국제상거래에서는 이해관계의 대립으로 쉽게 자율적인 해결이 이루어지지 못하는 경우가 많다. 당사자 간의 합의로 분쟁해결이 되지 못할 경우, 국제계약의 분쟁해결 수단으로 가장 많이 이용되는 것은 중재와 소송이다.[312] 중재와 소송은 각각 그 장단점이 있기 때문에, 계약의 당사자는 계약체결 시에 장래 분쟁이 발생할 경우 중재와 소송 중 어떤 방법으로 분쟁을 해결할지에 대해서 미리 합의해 두는 것이 바람직하다. 일단 분쟁이 발생한 후에 분쟁해결 방법에 대하여 합의를 하려면 이해관계의 대립으로 당사자의 관계가 우호적일 때보다 매우 어렵다.

중재는 당사자 간에 중재로 분쟁을 해결하기로 한 중재합의에 따라, 법원 이외의 제3자인 중재인에게 그 해결을 위임하고 중재인의 판정에 복종함으로 분쟁을 처리하는 강행적 분쟁해결방식이다.[313] 중재는 법률과 판례에 구속되지 않고 법이론과 상관습 등을 고려하여 구체적으로 타당한 결정을 할 수 있을 뿐 아니라, 원칙적으로 단심제이므로 소송에 비하여 신속, 경제적인 권리구제가 가능하다.[314] 또한 국제상사중재는 소송으로 인한 불확실성을 줄일 수 있고, 중재법정의 예측가능성, 중립성 및 전문성을 활용할 수 있으며, 절차적으로도 엄격한 법적절차에 구속되지 않는다는 점에서 선호되고 있다.[315] 각국은 국내법으로 중재에 관한 규율을 하고 있는 것이 일반적인데, 이는 중재절차의 적법성에 관한 규율이 목적이고 중재의 내용에 대하여 규율하는 것은 아니다. 국제상사중재는 중재판정의 승인 및 집행에 있어서 다수국가가 가입한 UN협약에 따라 중재판정의 승인과 집행이 이루어질 수 있는데, 이 점도 국제중재를 선호하도록 하는 데 중요한 요소로서 작용을 한다.[316]

---

311) 이태희, 전게서, 144면 참조.

312) Ralph H. Folsom et al., *International Business Transactions in a Nutshell*, 7th Ed., West (2004), p.299.

313) 이태희, 전게서, 144~145면 참조.

314) 이태희, 전게서, 145~146면 참조.

315) Ralph H. Folsom et al., *supra* note 312, at 320 참조.

316) *Id.* at 320-321.

소송은 당사자의 제소에 의하여 법원에서 엄격한 사법절차에 의하여 분쟁에 대한 판결을 얻는 분쟁해결방법이다. 소송은 중재에 비하여 증거조사방법 및 심리와 판결에 엄격한 법적 제한을 받으며, 일반적으로 단심제가 아니므로 하급심법원의 판결에 당사자가 불복할 경우에는 상소가 가능하므로 분쟁의 종국적 해결에 상대적으로 시간과 비용이 많이 소요될 수 있다. 특히 소송장소가 외국인 경우에는 당해 국가의 소송제도에 익숙하지 못한 당사자는 자국에서 소송을 수행하는 당사자에 비하여 소송수행에 상당한 부담을 가질 수밖에 없다.

계약당사자는 분쟁해결 방법의 선택에 있어서, 거래의 특성, 분쟁가능성 및 분쟁의 유형 등에 대한 전략적인 고려가 필요하다. 특히 거래의 특성으로 어느 쪽 당사자가 계약위반을 할 가능성이 높은지를 면밀히 검토하여야 한다. 상대방이 자신을 상대로 계약위반으로 청구할 가능성이 높은 경우에는, 중재보다는 자신의 소재지 법원에서 소송으로 분쟁해결을 하도록 합의한 경우에는 상대방은 소송제기에 따른 비용과 부담을 고려하여 오히려 소송제기에 신중을 가할 수 있도록 하는 효과도 있게 된다. 이와 반대로 자신이 상대방에게 계약위반을 주장할 가능성이 높은 거래인 경우에는 소송보다는 중재로 하는 것이 더 유리할 수 있다. 예컨대, 물품매매계약에 있어서 매도인은 물품에 대한 하자담보책임을 지는 반면 매수인은 대금지급의무를 부담하므로 상대적으로 매도인을 상대로 책임을 추궁하는 분쟁이 발생하기 쉽다. 이 경우 매도인은 자신의 소재지에서 소송으로 분쟁을 해결하는 것이 소송제기의 억제효과를 고려할 때 중재보다 상대적으로 유리할 수 있으나, 법원의 판례를 검토할 때 특수한 거래의 상관습을 고려하지 못할 우려가 있는 경우에는 오히려 중재를 선택할 수도 있다.

2. 준거법, 분쟁해결절차 및 분쟁해결 장소의 합의

소송이나 중재를 선택할 경우 효율적인 분쟁해결을 위해서는 계약서에 분쟁해결방법의 종류의 선택 이외에 준거법, 구체적인 분쟁해결절차 및 분쟁해결 장소에 대한 합의가 필요하다.[317]

소송에 있어서 관할권에 대한 합의가 없는 경우에는 예상치 못한 법원에 제소되거나 자신에게 불리한 판례가 있는 법원에 제소될 가능성도 있는 만큼, 관할법원에 대한 합의가 매우

---

317) Ralph H. Folsom et al., *supra* note 312, at 300 참조.

중요하다. 또한 소송 시 당사자의 분쟁에 적용될 실체법에 대한 합의가 없는 경우에는 국제사법 원칙에 의하여 적용되는 준거법의 충돌도 있을 수 있으므로, 당사자는 분쟁해결에 적용될 준거법에 대해서도 미리 합의해두는 것이 바람직하다.

중재에 있어서는 각국의 중재제도가 상이할 수 있으므로, 중재합의에 중재지, 중재규칙, 준거법에 대한 합의가 있어야 분쟁발생 시 중재가 효율적인 분쟁해결절차로서 기능을 할 수 있다.

3. 중 재

(1) 중재합의

중재는 당사자 간의 중재합의가 있는 경우에만 가능한 분쟁해결방법이다. 따라서 당사자 간에 계약체결 시 사전에 중재합의를 하였거나 분쟁발생 후에 중재로 분쟁을 해결하기로 합의한 경우 등 중재합의가 반드시 필요하다. 유효한 중재합의가 있는 경우에는 중재합의를 위반하여 법원에 제소하는 것이 금지되며, 반드시 중재로 분쟁을 해결하여야 한다. 미국법상 중재를 이용하기 위해서는 중재합의의 존재 및 그 유효성에 대해서 입증을 하여야 하며, 중재 개시 전 소송으로 이러한 쟁점에 대하여 다툴 수 있다.318)

(2) 중재규칙

각국의 중재기관이 상이하고 각 중재기관이 사용하는 중재규칙도 통일되어 있지 않기 때문에, 중재합의 시 중재규칙에 대한 합의도 필요하다. 중재규칙은 중재에 적용되는 절차적인 규칙이다. 국제계약에 널리 선호되는 중재규칙으로는 ICC 중재규칙(The Rules of Conciliation and Arbitration of ICC), UNCITRAL 중재규칙 등이 있다.

특히 양자 간에 중재협정이 체결되어 있는 국가 간의 분쟁은 당해 협정의 규정에 따라 중재가

---

318) Ralph H. Folsom et al., *supra* note 312, at 334.

이루어지도록 합의하는 것이 가능하며, 한미와 한일 간에는 상사중재협정이 체결되어 있다.[319]

중재기관으로는 우리나라에는 대한상사중재원이 있으며, 미국에는 미국중재협회(AAA), 영국에는 런던중재법원(London Court of Arbitration)이 있으며, 각 중재기관은 자신의 중재규칙을 갖고 있다.[320]

(3) 중재인

일반적으로 중재는 3인 중재가 보통이나 1인 중재도 있다. 3인 중재의 경우에는 각 당사자가 1명씩 중재인을 선임하고, 당사자에 의하여 선임된 중재인이 공동으로 제3의 중재인을 선임하는 것이 일반적이다.[321] 1인 중재는 일반적으로 널리 이용되지 않으나, 싱가포르 국제중재규칙에서는 당사자가 달리 합의하지 않는 한 1인 중재를 원칙으로 하고 있다.[322] 중재인의 선임방법에 대해서 당사자가 선택한 특정 중재규칙이 당사자자치를 허용할 경우에는 당사자 간에 중재인 선임방법에 대해서도 사전 합의가 있는 것이 바람직하다.

(4) 중재판정

중재판정은 당사자의 합의된 중재범위를 일탈할 수 없으며, 중재합의가 없는 사항에 대한 중재판정은 무효이다.[323] 또한 중재판정의 기준은 법률뿐 아니라 형평 내지 선 등도 판정의 기준이 될 수 있다.[324]

---

319) U.S.-Korean Commercial Arbitration Agreement (Nov. 19, 1974), Korean-Japanese Arbitration Agreement (Oct. 26, 1973). 이외에도 우리나라와 중재협정이 체결된 국가로는 자유중국, 네덜란드, 태국, 인도, 가나, 인도네시아, 덴마크, 헝가리, 루마니아, 불가리아, 이탈리아, 폴란드, 중국, 호주, 멕시코, 베트남, 러시아, 싱가포르, 우크라이나, 몽골, 체코, 베네수엘라 등이 있다(http://www.kcab.or.kr/, 2007.5.19 최종접속).

320) 이태희, 전게서 148~150면 참조.

321) 이태희, 154면.

322) The SIAC Rules (2nd Edition, 22 October 1997), Rule 6 "A sole arbitrator shall be appointed unless the parties have agreed otherwise"(http://www.siac.org.sg/rules.htm 참조, 2007.5.10. 최종접속).

323) 이태희, 155면.

(5) 외국중재판정의 승인 및 집행

외국중재판정이 자국 내에서 원활히 승인과 집행이 이루어지지 않게 되면, 중재제도가 실효성 있는 분쟁해결절차가 될 수 없다. 외국중재판정의 승인과 집행에 대한 각국의 입장의 상위를 극복하고자 '외국중재판정의 승인 및 집행에 관한 UN 협약(UN Convention of the Recognition and Enforcing Foreign Arbitral Awards)이 1958년 6월 10일 뉴욕에서 채택되어 (일명, New York 협약),[325] 1959년 6월 7일 발효하였으며[326] 현재 우리나라를 포함한 142개의 국가가 가입하고 있다.[327] 우리나라의 중재법은 외국중재판정의승인및집행에관한협약의 적용을 받는 외국중재판정의 승인 및 집행은 동 협약에 의하나(중재법 제39조 제1항), 동 협약의 적용을 받지 않는 외국중재판정의 승인 및 집행에 관하여는 민사소송법의 규정을 준용하므로(중재법 제39조 제2항), 협약의 적용여부에 따라 요건을 달리하는 이원적인 승인 및 집행의 체계를 취하고 있다.

4. 소 송

국제거래와 관한 분쟁을 소송에 의하여 해결할 경우, 소송의 국제적 성격으로 인한 특수한 문제가 발생한다. 우선, 관할권문제로서 어느 나라의 법원에서 재판권을 행사할 수 있는지가 문제되며 관할권은 무엇을 기준으로 결정하는지 문제된다. 또한 국내와 달리 외국에 있는 소

---

324) Id.; Abul F.M. Maniruzzaman, *The Lex Mercatoria and International Contracts: a Challenge for International Commercial Arbitration?*, 14 Am. U. Int'l L. Rev. 657, 686-89 (1999).

325) 이태희, 전게서, 156면 참조.

326) http://www.uncitral.org/uncitral/en/uncitral_texts/arbitration/NYConvention.html, 2007. 2.15. 최종접속.

327) http://www.uncitral.org/uncitral/en/uncitral_texts/arbitration/NYConvention_status.html, 2007.2.15. 최종접속. 우리나라는 1973년 2월 8일에 동 협약에 가입하여, 1973년 5월 9일에 발효하였다. 협약 가입 시 우리나라는 "다른 체약국 내에서 이루어진 중재판정"과 "국내법상 상업적 법률관계(legal relationships that are considered commercial under the national law)"에 대해서만 동 협약을 적용하겠다는 유보선언을 하였다.

송당사자에게 허용되는 적법한 송달방법은 무엇을 기준으로 결정하는지 문제된다. 마지막으로 재판권은 주권의 행사인 만큼 국내법원은 외국판결에 구속되지 않으므로, 외국에서 받은 판결을 국내에서 승인 받기 위한 절차와 요건은 무엇인지 문제된다.

(1) 국제적 재판관할권

국제적 소송에서 어느 나라의 법원이 그 소송사건에 대하여 재판권을 행사할 수 있는지 또는 재판권을 행사하여야 하는지를 정하여야 하는데, 이를 국제적 재판관할권의 문제라고 한다.[328]

국제적 재판관할권에 대해서는 현재 초국가적인 원리나 원칙은 존재하지 않으며, 각국은 국내법에 따라 국제적 재판관할권 유무에 대하여 판단하게 된다.[329] 그러나 대부분의 국가에서는 국제적 재판관할권에 관한 국내법상 명문의 규정이 없기 때문에, 조약에 의하거나 조약이 없으면 국제법의 일반원칙에 따르고, 국제법상 일반원칙도 없는 경우에는 조리로 판단하여야 한다.[330] 국제계약의 당사자는 이러한 관할권 확정에 대한 불확실성을 줄이기 위하여, 계약체결 시에 향후 분쟁이 발생할 경우에 어느 법원에서 소송을 진행하게 될 것인지를 미리 계약서에 명시하는 조항을 두게 되는 것이 일반적인데, 이를 관할권합의 조항(forum selection clause)라고 한다.[331]

연방제도를 갖고 있는 미국에서는 각 주간의 소송과 관련하여 관할권이 문제되는 경우가 많기 때문에 관할권이론이 발달되어 있다. 미국에서의 관할권이론은 국제적 사건에서도 유사하게 적용될 수 있고, 국제거래에서 영미법이 우세한 경향과 우리나라와 미국 간의 교역량에 따른 분쟁가능성을 고려할 때 미국관할권 이론에 대한 이해가 필요하다.

미국의 경우 국제거래에서도 관할의 합의가 인정되며, 합의에 의한 관할은 합의관할이라고 한다. 관할합의는 소송지에 대한 불확실성을 제거하여[332], 거래 당사자의 분쟁해결절차에 대한 예측 가능성을 높이게 되고 거래상 발생할 수 있는 분쟁의 해결절차를 통제할 수 있는

---

328) 이태희, 전게서, 174면.

329) 이태희, 전게서, 174면; Ralph H. Folsom et al., supra note 312, at 309.

330) 이태희, 전게서 174~175면.

331) Ralph H. Folsom et al., supra note 312, at 309-310.

332) 이태희, 전게서, 176면.

수단이 된다. 따라서 대부분의 국제계약에서는 소송을 분쟁해결 방법으로 선택할 경우, 관할에 대한 합의사항을 계약서에 규정하는 것이 일반적이다. 관할합의가 없어 관할권이 없는 경우에도 피고가 제1심 법원에서 관할위반을 주장하지 않고 본안에 관하여 변론한 경우에는 응소관할이 인정된다.[333]

미국법상 소송은 관할권이 있는 법원에 제기하여야 하는데, 대인소송(action in personam)에 대해서는 대인관할권이 있어야 하고, 대물소송(action in rem)에서는 대물관할권이 있어야 한다.[334] 미국법상 대인관할권은 피고의 보호를 위하여 예외는 있으나 원칙적으로 주소(domicile)가 그 기준이 되는데, 미국법상 주소는 영주의 의사(intent to reside permanently)를 요건으로 하기 때문에[335] 복수의 주소를 인정하지 않는 점에 주의할 필요가 있다. 대물소송에서는 특정 소송의 대상물의 지위를 대세적으로 변경하는 것으로서[336], 그 물건 또는 지위의 소재지가 밀접한 이해관계를 갖는 것으로 보아 대상물 소재지 또는 신분관계에서는 피고의 주소지(domicile)이 있는 법원에 관할권이 있는 것으로 본다.[337] 영미법원은 연방법원과 주법원 간의 관할도 구별되어 있으므로, 소송지가 미국인 경우에는 연방 관할사건인지 주법원 관할 사건인지도 정확히 판단하여야 할 필요가 있다. 결론적으로 국제거래와 관련된 분쟁에 대해여 미국에서 소송을 진행할 경우에는 미국의 관할제도에 대한 정확한 이해를 필요로 하며, 연방법원과 주법원이 모두 관할권을 가질 수 있는 사건의 경우에는 전략적으로 제소법원을 선택할 필요가 있다.

또한 미국법상 관할권이 없는 경우에도 관할권 확장이론인 long-arm statutes에 의하여 관할권이 확장될 수 있음을 주의할 필요가 있다. 미국법상 대인소송에 있어서는 피고가 주내에 존재하거나(presence) 주소(domicile)가 있어야 당해 주의 법원이 관할권을 가지게 되는 것이 원칙이지만, 피고가 그 주와 최소한의 관련성(minimum contact)을 가진 경우에 관할권을 확대하고 있으며[338] 이러한 관할권 확대이론은 국제적인 소송에서도 적용하고 있다.[339] 다만,

---

333) 이태희, 전게서, 176면.

334) 그 외에도 대인관할권과 대물관할권의 중간 형태인 준대물관할권(quasi-in-rem jurisdiction)도 있다. 대인관할권에 대해서는 21 C.I.S. Courts § 51, 대물관할권에 대해서는 21 C.I.S. Courts § 71, 준대물관할권에 대해서는 21 C.I.S. Courts § 72 참조.

335) *Gilbert v. David*, 235 U.S. 561, 569 (1915); Restatement (Second) of Conflict of Laws § 15 (1971).

336) 이태희, 전게서, 178면.

337) *Id.*

338) *International Shoe Co. v. State of Washington*, 326 U.S. 310, 316 (1945).

최소한의 관련성은 피고의 연방헌법상 적법절차를 보장하기 위해서 공정(fair play)과 실질적 정의(substantial justice)의 원리에 반하지 않아야 한다는 제한을 받게 된다.[340] 결국 관할권 확대를 위해서는 최소한의 관련성과 연방헌법상 적법절차의 요건을 모두 갖춘 경우에만 인정된다.

피고의 입장에서는 관할권확대에 의하여 실제로 영업활동을 하고 있지 않은 장소에서도 소송에 응소하여야 할 경우도 있기 때문에, 관할권이 인정되는 법원에 제소되었더라도 당해 법원이 소송수행에 적절치 않은 불편한 법정지(forum non-conveniens)라는 항변을 제기하여 법원이 이를 받아들이면 소는 각하된다.[341] 다만, 불편한 법정지의 항변은 적절한 대체재판지의 존재와 이용가능성이 있는 것을 전제로 하여 인정되는 것이므로[342], 대체재판지가 없거나 이용가능성이 없는 경우에는 인정되지 않는다.[343]

(2) 송달과 증거조사

영미법계 국가는 송달에 대한 책임을 소송당사자에게 부과하는 당사자송달주의를 취하기 때문에 다양한 송달방법이 인정되고 있는 데 반하여, 대륙법계 국가에서는 법원의 직권송달주의를 원칙으로 하면서 송달방법이 영미국가에 비하여 상대적으로 제한되고 있다.[344] 국제소송에서 외국에 있는 당사자에 대한 송달이 적법하게 되었는지 여부에 따라 외국판결의 승인 및 집행에 중대한 영향을 미치는 만큼[345], 송달이 법정지 법에 따라 적법하게 이루어지도록 하는 데 주의할 필요가 있다.[346]

---

339) *Asahi Metal Industry Co. Ltd. v. Superior Court of California*, 480 U.S. 102 (1987).

340) *International Shoe Co. v. State of Washington*, 326 U.S. 310, 316 (1945); *Asahi Metal Industry Co. Ltd. v. Superior Court of California*, 480 U.S. 102, 113 (1987).

341) *Golf Oil Corp. v. Gilbert*, 330 U.S. 501 (1947).

342) 이태희, 전게서, 181면.

343) *Golf Oil Corp. v. Gilbert*, 330 U.S. 501, 506-07 (1947); *Piper Aircraft Co. v. Reyno*, 454 U.S. 235, 254-55 n.22 (1981).

344) 이태희, 전게서, 187면 참조.

345) 이태희, 전게서, 188면.

346) 국제소송과 관련한 송달의 적법성에 대한 판례로는 *Gallagher v. Mazda Motor of America, Inc.*, 718 F. Supp. 1079 (1992).

또한 증거조사에 있어서도 영미법상 증거개시(discovery) 제도가 있어서 당사자가 외국에 있는 증인이나 당사자를 상대로 선서진술서(deposition)나 질문서(interrogatory)를 이용한 증거확보가 가능하나, 대륙법계 국가의 경우에는 증거개시절차가 없다. 이러한 영미법계와 대륙법계의 증거확보제도의 차이점을 인식하고 재판관할권에 대한 합의 시 분쟁발생 시 증거조사의 편의성도 고려하여 관할법원을 합의하는 것이 필요하다. 특히 분쟁과 관련한 증거의 소재지가 거래의 특성상 특정 장소에 집중적으로 소재할 가능성이 높은 경우에는 그러한 장소에 소재하는 법원을 관할법원으로 합의하는 것이 유리할 수 있다.

(3) 외국판결의 승인 및 집행

외국판결의 승인이란 외국의 법원에서 행하여진 재판 등이 그 외국법상 가지는 효력을 우리나라에서도 그대로 인정하는 것을 말한다.[347] 판결은 그 나라의 주권행사의 결과이므로[348], 다른 나라에서는 당연히 효력을 인정할 의무가 없다. 따라서 외국판결의 승인에 관해서 일반국제법 또는 조약에서 특별히 정하고 있지 않는 한[349], 각국의 국내법상 외국판결의 승인에 필요한 요건을 갖추어야 한다. 외국판결의 승인을 인정하는 제도가 있는 국가의 경우, 외국 판결의 승인을 하려면 그 외국판결이 국내법상 엄격한 승인 요건을 갖춘 경우에 한하여 승인하는 것이 일반적이다.[350]

우리나라의 경우 외국판결의 승인에 대해서는 민사소송법 제217조가 적용된다. 민사소송법 제217조에 규정된 외국판결의 승인요건으로 1) 외국법원의 확정판결일 것 2) 법령 또는 조약에 따라 외국법원의 국제재판권이 인정될 것 3) 패소한 피고가 공시송달이나 이와 유사한 송달에 의하지 아니하고, 방어에 필요한 시간여유를 두고 송달을 받았거나 송달받지 아니하였더라도 소송에 응하였을 것 3) 외국법원의 판결의 효력을 인정하는 것이 대한민국의 선량한 풍속 기타 사회질서에 어긋나지 아니할 것 4) 상호보증이 있을 것 등이 요구된다.[351] 법원은 승인요건을 갖춘 경우에는 이를 승인하여야 한다.[352]

---

347) 이태희, 전게서, 189면.

348) *Id.*

349) *Id.*

350) Ralph. H. Folsom et al., *supra* note 285, at 729.

351) 이태희, 전게서, 189~193면 참조.

　　외국판결을 우리나라에서 집행하기 위해서는 당해 판결에 대하여 우리나라 법원에서 집행판결로 그 적법함을 선고하는 것이 필요하다(민사집행법 제26조 제1항). 집행판결을 요건으로는 1) 외국의 확정판결일 것과(민사집행법 제27조 제2항 제1호) 2) 외국판결이 민사소송법 제217조의 요건을 갖추는 것이 필요하다(민사집행법 제27조 제2항 제2호).

　　미국의 경우, 연방법원에 외국판결의 승인을 청구하는 경우에는 상호보증(mutuality and reciprocity)이 요구되지만[353], 대부분의 경우 외국판결의 승인은 주법원에 청구하게 될 것인데 주법원은 이러한 연방법상의 요건에 구속되지 않고 독자적인 원칙에 의하여 판단하게 된다.[354] 그러나 각주 법원의 판례가 적고 통일된 원칙이 없었기 때문에, 미국 통일법위원회(the National Conference of Commissioners on Uniform State Law)는 통일외국금전판결승인법(the Uniform Foreign Money-Judgments Recognition Act)를 작성하였고, 이를 30개 주 및 콜롬비아 특별구, 버진 아일랜드 등에서 입법화하였다.[355] 동 통일법상 승인요건으로는 외국판결이 최종판결이고 집행가능하여야 하며[356], 금전판결이어야 하고 금지명령 또는 특정이행판결이어서는 안되며, 상호보증은 요건이 아니나 국제예양(comity)과 관련한 기준에 대한 검토는 필요한 것으로 하고 있다.[357] 국제예양이 기준이 되는 경우에는 법원은 1) 당해 외국법원의 인적 및 물적 관할권 2) 적절한 고지여부 3) 판결의 사기 가능성 4) 당해 외국판결의 집행할 경우 미국의 공서양속(public policy)을 침해하는지 여부 등에 대하여 심사하게 된다.[358]

---

352) 이태희, 전게서, 193면.

353) *Hilton v. Guyot*, 159 U.S. 113, 228 (1895).

354) Ralph H. Folsom et al., *supra* note 312, at 306.

355) *Id.* at 307.

356) 통일법상 최종판결(final and conclusive decision)은 반드시 확정판결일 것을 요구하는 것은 아니다. 최종판결에 대하여 피고가 상소를 제기하고자 하거나 상소가 제기된 경우에는, 법원은 승인청구된 절차를 정지할 수 있는 권한이 있다(Uniform Foreign Money-Judgments Recognition Act § 2 Comment and § 6; *Korea Water Resources Corp. v. Lee*, 115 Cal.App.4th 389 (2004)). 그러나 주에 따라 통일법을 입법화 할 때, 통일법에 규정된 상소 가능성을 허용하는 문언을 삭제하고 단순히 최종확정 판결을 승인요건으로 규정한 경우에는, 그러한 주에서는 상소 기간 내 또는 상소제기 중에는 외국판결의 승인을 청구할 수 없다.

357) *Id.* at 307-08.

358) *Id.* at 307.

|참고문헌|

이태희, 국제계약법, 법문사 (2001).

최준선, 국제거래법, 삼영사 (2005).

윤광운, 박정기, 김인유, 국제거래법, 삼영사 (2005).

럭키금성, 국제계약 실무가이드 제1권 국제계약상 일반조항 (1993).

럭키금성, 국제계약 실무가이드 제2권 기술협력계약 (1993).

Daniel C.K. Chow and Thomas J. Schoenbaum, *International Business Transactions: Problems, Cases, and Materials*, Aspen Publishers, Inc. (2005).

Ralph H. Folsom et al., *International Business Transactions: a Problem-Oriented Coursebook*, 5th Ed., West Group (2002).

Ralph H. Folsom et al., *2002 Documents Supplement to International Business Transactions*, West Group (2002).

Ralph H. Folsom et al., *International Business Transactions in a Nutshell*, 7th Ed., West (2004).

Ralph. H. Folsom et al., *Principles of International Business Transactions, Trade and Economic Relations*, Thomson/West (2005).

Lawrence E. Koslow, *Business Abroad*, Gulf Publishing Company (1996)

Sung-Seung Yun, *Additional Terms and Warranties under the U.N. Convention on the Contracts for the International Sale of Goods (CISG)*, Korean Yearbook of International Law vol.4 (2004).

부 록

Ⅰ. 의향서: Letter of Intent

LETTER OF INTENT TO FORM NEW COMPANY FOR JOINT VENTURE

This Letter of Intent is entered into as of the _______ day of ______, 19__ among ________, ("Person A"), and ________ ("Person B") with reference to the following facts:

A. Person A is presently engaged in the manufacture and sale in the U.K., the United States and the Reserved Countries (hereinafter defined) of ________ ("Products") under the trademark "_____" (the "Mark") and

B. The parties hereto desire to organize a new corporation for the purpose of importing and distributing Products throughout the United States and elsewhere using the Mark.

SUBJECT TO the execution of more formal documentation and our mutual agreement concerning the issues described below, Person A and Person B agree as follows:

Ⅰ. NEW COMPANY

1. The parties shall cause the formation of a new corporation under the laws of the state of _________ which shall be called ___________ ("New Company").

2. If, after consultation with tax counsel, it is determined that it is in our mutual best interest that New Company shall make an election to be treated as a "Subchapter S" corporation under the United States tax laws, then, in such event:

a) New Company shall be a "Close Corporation" under the appropriate provisions of California law and shall have one class of capital stock, namely common shares, without par value (the "Stock")

b) Person A shall subscribe for fifty (50%) percent of the Stock in consideration for cash payment of U.S.$______

c) Person B shall subscribe for fifty (50%) percent of the Stock in consideration for cash payment of U.S.$______

d) The parties shall enter into a Shareholders agreement which shall provide as follows:

   (i) Person A shall be entitled to receive 40% and Person B shall be entitled to receive 60% of all dividends and distributions of profits of New Company

   (ii) New Company shall have a board of directors of 3 members of which Person A shall have the right to elect one member and Person B shall have the right to elect two members and

   (iii) Person B's Stock shall be vested with 75% of the voting power and Person A's Stock shall be vested with 25% of the voting power on any issue to be voted upon by the stockholders of New Company.

3. If, after consultation with tax counsel, it is determined that it is in our mutual best interest that New Company shall not make an election to be treated as a "Subchapter S" corporation under the United States tax laws, then, in such event:

a. New Corporation shall be a "C Corporation"

b. New Corporation shall have two classes of capital stock, namely Class A Shares and Class B Shares, which shall have the following characteristics:

   (i). The holders of the Class A Shares shall be entitled to receive 60% of all dividends and distributions of the profits of New Company, shall have 75% of the voting rights on all issues to be decided by the Shareholders, and shall have the right to appoint 2 directors of New Company.

   (ii). The holders of the Class B Shares shall be entitled to receive 40% of all dividends and distributions of the profits of New Company, shall have 25% of the voting rights on all issues to be decided by the shareholders, and shall have the right to appoint 1 director of New Company.

c. Person B shall subscribe for all of the Class A Shares in consideration for the cash payment of U.S.$______

d. Person A shall subscribe for all of the Class B Shares in consideration for the cash payment of U.S.$______

4. The first President and Chief Executive Officer of New Company shall be ____ and the first Chairman of the Board and Executive Vice President of New Company shall be ____, both of

whom shall receive a salary and other compensation as established from time to time by the Board of Directors of New Company and reasonably approved by Person A.

Ⅱ. SHAREHOLDERS AND BY-SELL AGREEMENT

Upon the formation of New Company, New Company and the parties hereto (collectively, "Shareholders") shall enter into a standard form Shareholders and By-Sell Agreement (the "By-Sell Agreement"). The By-Sell Agreement shall, among other things:

1. Contain restrictions upon the sale or transfer of the Stock of New Company owned by the parties, give New Company and the Shareholders certain rights of first refusal to purchase all (or none) of the Stock of a shareholder desiring to transfer his Stock

2. Provide for the purchase of the Stock of a deceased or permanently disabled shareholder

3. Acknowledge and agree that the Shareholders are currently and may continue to be engaged in businesses competing with that of New Company

4. Acknowledge and agree that the parties shall not be obligated to devote any particular amount of time to the business of New Company and shall be free to engage in any other lawful activity, whether or not in direct competition with New Company

5. Provide that no party shall be obligated to offer to New Company any business opportunity that comes to such parties' attention, whether or not such opportunity may be in the same business as that of New Company

6. Provide that to the extent New Company requires a line of credit in order to pay for merchandise and continue operations, subject to the approval of the Board of Directors of New Company, the Shareholders shall, on an as-need basis, provide such guarantees, letters of credit or other collateral (collectively, "Collateral") required to secure loans from financial institutions to New Company. Person B shall provide 60% of such Collateral and Person A shall provide 40% of such Collateral provided, however, if any financial institution making loans to New Company insists that the Shareholders of New Company be jointly and severally liable for all borrowings, that the Shareholders shall do so, but they shall indemnify each other for the portion of the

Collateral for which the others are responsible

7. Automatically expire at such time as the shares of stock of New Company are publicly traded.

Ⅲ. DISTRIBUTION RIGHTS

Upon the formation of New Company, Person A and New Company shall enter into a distribution agreement (the "Distribution Agreement") granting New Company the right to purchase and resell Products manufactured by or for Person A. The Distribution Agreement shall provide, among other things, for the following:

1. The term of the Distribution Agreement shall be 20 years

2. New Company shall be entitled to purchase its requirements of Products from Person A, who, subject to commitments in existence on the date hereof and others of which Person B from time to time approves, shall fulfill on a priority basis

3. There will be attached to the Distribution Agreement a schedule of all currently existing licensing and distribution contracts concerning the Trademark or Products, and detailed information concerning the terms and conditions thereof

4. New Company's rights to distribute Products shall be exclusive throughout the world, except for the U.K., the countries and territories listed in Exhibit A attached hereto and incorporated herein by this reference (the "Reserved Countries"), the licensing and distribution contracts referred to in paragraph 3, above, until such contracts expire or are terminated, and such other countries and territories as the parties from time to time agree shall be excluded

5. If Person A is unable or unwilling to fill any orders of New Company for Products, for any reason, including causes beyond Person A's control, New Company may itself manufacture or cause the manufacture by third parties of Products on terms and conditions satisfactory to New Company

6. Person A and Person B will meet from time to time, but not less frequently than quarterly to plan production of Products and agree upon volumes however, all purchases of Products shall

be by New Company's written purchase orders and

7. The prices paid by New Company for Products purchased from Person A will be the actual landed cost of Person A, as evidenced by invoices, plus a percentage thereof for Person A's overhead and profit, which shall be negotiated in good faith by the parties and provided for in the Distribution Agreement.

IV. TRADEMARKS

Upon its formation, New Company and Person A shall enter into a standard form trademark license (the "Trademark License") granting New Company rights to use the Trademark. The Trademark License shall provide, among other things, that:

1. The Trademark License shall be perpetual

2. The Trademark License shall grant to New Company the exclusive right to use the Trademark, and all variations thereof developed from time to time, on Products or other products manufactured by or for New Company or sold by New Company

3. The rights granted thereunder shall apply to all countries and territories of the World, except the U.K. and the Reserved Countries

4. If New Company shall sublicense its rights or any part thereof for products other than __________ or elsewhere than for use in the United States, it will pay to Person A a license fee equal to a percentage of the fee it receives from the licensee, the amount of which percentage shall be negotiated in good faith between the parties and provided for in the Trademark License and

5. New Company shall at its sole cost and expense from time to time register the Trademarks with the United States Patent and Trademark Office and in such other countries and territories of the world in which New Company shall commercially exploit the Trademarks or intend to do so, and thereafter use its best efforts, consistent with the instructions of the Board of Directors of New Company, to maintain such registration in force and effect.

V. MISCELLANEOUS

In addition to the provisions described above, the more formal agreements outlined above shall provide for the following:

1. The binding arbitration of disputes in Los Angeles, California in accordance with the Commercial Rules of Arbitration of the American Arbitration Association.

2. Each party is to bear their own costs in connection with preparing and negotiating such formal agreements provided, however, the costs of organizing New Company shall be reimbursed out of the initial capital of New Company.

3. No party shall make any public announcement without the prior approval of the others.

EXECUTED as of the date and year first written above.

(Signatures of the parties)

II. 비밀유지계약: Nondisclosure Agreement

NON-DISCLOSURE AGREEMENT

This Agreement is made and entered into by and between ______________ and its affiliates, and ______ and its affiliates (each being a "party" or collective "parties").

1. **Disclosure.** The parties intend to engage in discussions concerning a potential business relationship (the "Proposed Relationship"). In connection therewith, the parties may disclose to each other technical, financial and/or other information, material, or data which is written, oral or in any other form, electronic or otherwise (collectively "Data") which is considered confidential and proprietary.

2. **Confidential Data.** "Confidential Data" means (a) any Data disclosed by or on behalf of a party ("disclosing party") to the other party ("receiving party"), including, without limitation, (i) any materials, trade secrets, know-how, formulas, processes, algorithms, ideas, strategies, inventions, data, network configurations, system architecture, designs, flow charts, drawings, proprietary information, business and marketing plans, financial and operational information, and all other non-public information, material or data relating to the current and/or future business and operations of the disclosing party, and (ii) any information, material or data provided by third party vendors of the disclosing party; and (b) any analyses, compilations, studies, summaries, extracts or other documentation prepared by the receiving party based on the Data disclosed by the disclosing party.

3. **Public Data.** Notwithstanding any other provision of this Agreement, Data shall not be, or shall cease to be, Confidential Data hereunder: (a) if such Data is known to the receiving party prior to disclosure thereof by the disclosing party; (b) after such Data is published or becomes available to others, without restriction and without breach of this Agreement by the receiving party; (c) after such Data becomes available to the receiving party from others having no obligation to hold such Data in confidence; or (d) if such Data is developed by the receiving

party independently of any disclosure of such Data by the disclosing party.

4. **Non-Disclosure Obligation**. Unless otherwise agreed to in writing by the disclosing party, the receiving party agrees (a) not to disclose the Confidential Data; (b) use the same degree of care and diligence to protect such Confidential Data from disclosure to others as such party employs or should reasonably employ to so protect its own information of like importance (but in no event less than reasonable care); and (c) not to reproduce or copy the Confidential Data, in whole or in part, except as necessary for the evaluation or conduct of the Proposed Relationship. Notwithstanding the foregoing, the receiving party may disclose the Confidential Data to such of the receiving party's consultants, agents and affiliates (collectively "receiving party representative") which the receiving party reasonably and in good faith believes should be involved in the evaluation or performance of the Proposed Relationship, provided such receiving party representative is informed of this Agreement and agrees to be bound by the terms hereof, and the receiving party uses best efforts to cause the receiving party representative to observe the terms of this Agreement. The receiving party agrees that a breach of this Agreement by a receiving party representative shall constitute a breach by the receiving party. In the event that the receiving party is required by applicable law, rule, regulation or lawful order or ruling of any court, government agency or regulatory commission to disclose any Confidential Data, the receiving party agrees that it will provide the disclosing party with prompt notice of such request(s) to enable the disclosing party to seek an appropriate protective order or to take steps to protect the confidentiality of such Confidential Data.

5. **No Additional Rights**. The receiving party shall not have any rights or obligations respecting the Confidential Data other than those specifically set forth in this Agreement. Without limiting the generality of any other provision of this Agreement: (a) no license is hereby or otherwise granted, directly or indirectly, under any patent, copyright or other proprietary right of the disclosing party or its third party vendors; and (b) neither party shall be obligated to disclose Data to the other party or to enter into any further agreements relating to the Proposed Relationship or Data. A party may terminate discussions regarding the Proposed Relationship at any time. The receiving party shall, upon written request of the disclosing party, return to the disclosing party all Confidential Data, including all copies thereof, disclosed hereunder. The

receiving party's obligations under this Agreement respecting the Confidential Data shall survive termination of said discussions.

6. **Injunctive Relief.** Both parties acknowledge and agree that the disclosing party and/or its third party vendors (as the case may be) own all rights, title and interest in the Confidential Data. Both parties further acknowledge and agree that the unauthorized disclosure of the Confidential Data will cause irreparable harm to the disclosing party. As a result of the unique nature of the Confidential Data, in addition to all other remedies available, the disclosing party shall be entitled to seek injunctive and other extraordinary relief in a court of competent jurisdiction in order to enforce the receiving party's obligations hereunder.

7. **Other Provisions.** The parties further agree that: (a) this Agreement shall be governed by the laws of the United Kingdom; (b) this Agreement sets forth the entire agreement and understanding between the parties with respect to the subject matter hereof, and none of the terms of this Agreement may be amended or modified except by a written instrument signed by both parties; (c) a party may waive any rights under this Agreement only by written waiver duly signed by such party, and no failure to exercise or delay in exercising a right under this Agreement shall constitute a waiver of such right; (d) this Agreement shall inure only to the benefit of the parties hereto, and the rights and obligations of each party under this Agreement may not be assigned or delegated without the prior written consent of the other party; (e) no provision of this Agreement shall affect, limit or restrict either party's right to engage in any business in any place and at any time, whatsoever, provided the receiving party does not disclose the Confidential Data in violation of this Agreement; (f) each party agrees not to advertise, or otherwise make known to others, any information regarding this Agreement or the Proposed Relationship except as may be required by law; (g) neither party makes any representations or warranties as to the accuracy or completeness of any Data disclosed hereunder; (h) the invalidity or unenforceability of any provision of this Agreement shall not affect the validity or enforceability of any other provision of this Agreement; (i) all notices under this Agreement must be in writing and shall be deemed to have been delivered to and received by a party, and will otherwise become effective, on the date of actual delivery thereof (by personal delivery, express delivery service or certified mail) to the Notice Address of such party set forth below; (j) this

Agreement may be executed in counterparts; and (k) this Agreement is dated for all reference purposes __________.

____

By:_______________________

Name:_____________________

Notice Address:

____

____

____

By:_______________________

Name:_____________________

Notice Address:

____

____

Ⅲ. 합작투자계약: Joint Venture Agreement

JOINT VENTURE AGREEMENT

THIS JOINT VENTURE AGREEMENT is made in Seoul, Korea on this _______ day of _______, 1999 by and between [ABC Inc.], a corporation organized and existing under the laws of Korea and having its principal office at ABC ___________________________________("ABC"), and [insert XYZ name], a corporation organized and existing under the laws of ____________ and having its principal office at _______________________________ ("XYZ").

WHEREAS, ABC and XYZ desire to establish a joint venture company (the "JVC") in Korea for the purpose of designing, manufacturing, installing, exporting, distributing, and providing maintenance services for, product 1, product 2, product 3 and product 4; and

WHEREAS, ABC and XYZ wish to establish the principles under which the JVC will be set up and operated;

NOW, THEREFORE, in consideration of the mutual promises and covenants contained in this Agreement, ABC and XYZ agree as follows:

SECTION 1 DEFINITIONS

Unless the terms or context of this Agreement otherwise provides, the following terms shall have the meanings set out below:

1.1 "Acceptance Period " shall have the meaning given to the term in Section 6.9(b).

1.2 An "Affiliate" of any Party to this Agreement shall mean any corporation, person, firm or other entity which, directly or indirectly, controls said Party or is controlled by said Party or is under common control with said Party, where "control" means power and ability to direct the management and policies of the controlled enterprise through ownership of or control by proxy of twenty percent (20%) or more of voting shares of the controlled enterprise or by contract or otherwise. For the avoidance of doubt, the JVC and a subsidiary of the JVC shall not be an Affiliate of any Party to this Agreement.

1.3 "Agreement" shall mean this agreement to form the JVC.

1.4 "Annual Audit" shall have the meaning given to the term in Section 13.4.

1.5 "Articles of Incorporation" shall mean the Articles of Incorporation of the JVC.

1.6 "Board" shall mean the Board of Directors of the JVC.

1.7 "Business" shall have the meaning given to such term in Section 8.

1.8 "BTA" shall mean a Business Transfer Agreement to be entered into between the JVC and ABC providing for the transfer of the Business to the JVC in the form attached hereto as **Attachment 1.8.**

1.9 "Designee" shall have the meaning given to the term in Section 6.9(b).

1.10 "First Closing Date" shall have the meaning given to the term in Section 6.3.1.

1.11 "Fifth Anniversary Date" shall mean the date that is five (5) years from the Second Closing Date.

1.12 "Force Majeure" shall have the meaning given to the term in Section 19.1(a).

1.13 "Free Sale Period" shall have the meaning given to the term in Section 6.9(b).

1.14 "Government Approval" shall mean all approvals and notifications required under the laws of the relevant jurisdiction to be obtained and/or made in connection with the execution and performance of this Agreement, or the consummation of the transactions contemplated hereunder.

1.15 "HNRP Policies" shall have the meaning given to the term in Section 14.6.

1.16 "ICC" shall have the meaning given to the term in Section 21.1.

1.17 "Independent Auditor" shall have the meaning given to the term in Section 15.2(a).

1.18 "Joint Venture Term" shall mean the term of the JVC as set forth in Section 4 hereof.

1.19 "Korea" shall mean the Republic of Korea.

1.20 "Korean GAAP" shall mean generally accepted accounting principles in Korea, in effect from time to time.

1.21 "Management Personnel" shall mean the Representative Director and such other personnel designated as Management Personnel by the Board.

1.22 "Offeree Party" shall have the meaning given to the term in Section 6.9(b).

1.23 "Option Price" shall have the meaning given to the term in Section 6.7(a).

1.24 "Party"or"Parties" shall mean either ABC or XYZ individually, or if plural, both collectively.

1.25 "Payment Deadline" shall have the meaning given to the term in Section 6.7(a).

1.26 "Products" shall have the meaning given to the term in Section 5.

1.27 "Proprietary Information" of a Party or the JVC shall mean such technical, engineering, economic, marketing, financial, other information or know‐how as may be developed by or owned by a Party or the JVC, which is beneficial to the business of a Party or Business of the JVC, and such other like information as is generally treated as confidential by that Party or the JVC.

1.28 "Related Agreements" shall mean the BTA, an XYZ Trade Name and Trademark License Agreement to be entered into between the JVC and XYZ, and an ABC Trade Name and Trademark License Agreement to be entered into between the JVC and ABC.

1.29 "Second Closing Date" shall have the meaning given to the term in Section 6.3.2.

1.30 "Selling Party" shall have the meaning given to the term in Section 6.9(b).

1.31 "Signing Date" shall mean the date this Agreement is executed by the Parties.

1.32 "Tenth Anniversary Date" shall mean the date that is ten (10) years from the Second Closing Date.

1.33 "United States Dollars", "U.S. Dollars" and "US$" shall mean the lawful currency of the United States of America.

1.34 "Won" and "KRW" shall mean the lawful currency of Korea.

1.35 "Working Personnel" shall mean the employees of the JVC other than Management Personnel.

SECTION 2 PARTIES TO THE AGREEMENT

2.1 The Parties to this Agreement are ABC and XYZ.

2.2 Where references are made in this Agreement to "the two Parties", "each Party", "either Party", "neither Party", "the other Party", "both Parties" or other phrases indicating only two parties, the two parties thus referred to shall be XYZ and ABC, unless otherwise clearly indicated by the context.

SECTION 3 ESTABLISHMENT OF THE JOINT VENTURE COMPANY

3.1 Establishment of the JVC

The Parties hereby agree to initiate all actions necessary to establish the JVC promptly after the Signing Date.

3.2 Name and Address of the JVC; Branches

(a) Name. The name of the JVC shall be __________ in English and __________ in Korean. The use of the name "ABC" or "XYZ" as part of the JVC name shall be subject to the Trade Name and Trademark License Agreements between (i) the JVC and ABC and (ii) the JVC and XYZ.

(b) Address. The legal address of the JVC shall be __________, Korea, or such other address determined by the Board.

(c) Branches. The JVC may establish subsidiaries, branches or representative offices in Korea or elsewhere by a resolution of the Board and approval from any relevant governmental authorities.

3.3 Limited Liability Company

(a) The form of organization of the JVC shall be a limited liability company established under Korean law in the form of a ______ Hoesa.

(b) Except as otherwise provided herein, once a Party has paid in full its contribution in accordance with Section 6.3, it shall not be required to provide any further funds to, or on behalf of, the JVC by way of capital contribution, loan, advance, guarantee or otherwise. Except as otherwise provided pursuant to a written agreement signed by the Party to be charged, creditors of the JVC shall have recourse only to the assets of the JVC and shall not seek repayment from any of the Parties. Subject to this Agreement and the Related Agreements, the JVC shall indemnify the Parties against any and all losses, damages or liability suffered by the Parties in respect of third-party claims arising out of the operation of the JVC. Subject to the above, the profits, risks and losses of the JVC shall be shared by the Parties in proportion to their respective contributions to the JVC's paid-in capital.

(c) The principles of the governance of the JVC are set forth in this Agreement and in the Articles of Incorporation attached hereto as **Attachment 3.3**. In the event of any inconsistency or conflict between this Agreement and the Articles of Incorporation, the provisions of this Agreement shall prevail, and the Parties hereto agree to use their respective voting powers in the JVC and to do all that is necessary to amend the Articles of Incorporation so as to make the same consistent with and to give effect to the terms and conditions of this Agreement.

SECTION 4   JOINT VENTURE TERM

The Joint Venture Term of the JVC shall commence on the First Closing Date and shall be perpetual, subject to the termination rights stated in Section 18 below.

SECTION 5   THE PURPOSE AND SCOPE OF OPERATION

The purpose and scope of the JVC is to (i) design, manufacture, install, export, distribute, and provide maintenance services for, product 1, product 2, product 3 and product, as they are more particularly listed in Attachment 5 hereto (collectively, the "Products"), and (ii) engage in all other activities which are directly or indirectly related, incidental or conducive to the attainment of the foregoing purposes.

SECTION 6   TOTAL AMOUNT OF INVESTMENT AND PAID-IN CAPITAL

6.1 Total Investment

The total amount of investment (paid-in capital and borrowed funds) required by the JVC shall be ____________ Won.

6.2 Paid-in Capital

The total amount of the JVC's paid-in capital shall be ______________ Won.

6.3 Contributions to Paid-in Capital

6.3.1 First Closing

On a date (the "First Closing Date") to be agreed on by the Parties, but within ______ days after all conditions precedent to the First Closing as set forth in Section 6.4.1 are met, the Parties shall take the following actions:

(a) Initial Share Subscription

    (i) <u>XYZ</u>. XYZ shall subscribe for ________ shares of which the par value in the aggregate shall be ________________________ (______________) Won, representing seventy-five percent (75%) of the paid-in capital of the JVC.

    (ii) <u>ABC</u>. ABC shall subscribe for ________ shares of which the par value in the aggregate shall be ________________________ (______________) Won, representing twenty-five percent (25%) of the paid-in capital of the JVC.

(b) The JVC shall deliver to each Party the stock certificates representing the respective shares to be issued in accordance with Section 6.3.1(a) above.

(c) The JVC shall record each Party on its share registers as a holder of the shares so issued.

(d) Each Party shall sign a Related Agreement as it pertains to that Party, and shall cause ABC and the JVC to sign the BTA.

As a result of the completion of the First Closing, the Parties shall hold the following proportion of the total issued shares of the JVC:

        XYZ: seventy-five percent (75%)

        ABC: twenty-five percent (25%)

6.3.2 Second Closing

On a date (the "Second Closing Date") to be agreed on by the Parties, but at least ______ days before the closing under the BTA occurs after all conditions precedent to the Second Closing as set forth in Section 6.4.2 are met, the Parties shall take the following actions:

(a) Additional Share Subscription

(i) <u>XYZ</u>. XYZ shall subscribe for ________ shares of which the par value in the aggregate shall be ____________________ (________________) Won, representing seventy-five percent (75%) of the paid-in capital of the JVC.

(ii) <u>ABC</u>. ABC shall subscribe for ________ shares of which the par value in the aggregate shall be ____________________ (________________) Won, representing twenty-five percent (25%) of the paid-in capital of the JVC.

(b) The JVC shall deliver to each Party the stock certificates representing the respective shares to be issued in accordance with Section 6.3.2(a) above.

(c) The JVC shall record each Party on its share registers as a holder of the shares so issued.

As a result of the completion of the Second Closing, the Parties shall hold the following proportion of the total issued shares of the JVC:

XYZ: seventy-five percent (75%)

ABC: twenty-five percent (25%)

6.4 Conditions Precedent to Closing

6.4.1 Conditions Precedent to the First Closing

(a) XYZ shall have reported the foreign investment under the Foreign Investment Promotion Law; and

(b) XYZ and ABC shall each have obtained acceptance by the Korean Fair Trade Commission of a business combination report under the Monopoly Regulation and Fair Trade Law.

6.4.2 Condition Precedent to the Second Closing

All conditions precedent to the Closing (as defined in the BTA) as set forth in Section 9 of the BTA shall have been met.

6.5 Either Party may designate an Affiliate to subscribe for some or all of the shares it is permitted to acquire in the JVC pursuant to Section 6.3 above, provided that, as a condition to the validity of such designation, the Party shall procure from the designated Affiliate, a written undertaking to the other Party and the JVC agreeing to be bound by all provisions of this Agreement, as if it had executed this Agreement in place of the Party by which it has been designated. In addition, the Party making such designation unconditionally guarantees, to and for the benefit of the other Party and the JVC, that it will secure complete and timely observance of the provisions of this Agreement by such designated Affiliate. Any such designation shall be subject to Government Approval, if Government Approval is required.

6.6 Additional Financing or Investment

(a) <u>Borrowed Funds</u>. Additional funds other than the paid-in capital may be borrowed by the JVC by means of intercompany loans or from banks in Korea or abroad, subject to the approval of the Board. For the avoidance of doubt, no Party shall have any obligation, and nothing in this Agreement shall be construed as obligating any Party, to provide such additional funds to, or on behalf of, the JVC by way of intercompany loan, advance, guarantee or otherwise, except and to the extent as expressly provided for in Section 6.3 above.

(b) <u>Additional Contributions</u>. Should the JVC require further funding after the Second Closing Date, the Parties shall, subject to the decision of the Board, and in accordance with the ratio of their respective contributions to the paid-in capital, consider additional investment in the paid-in capital of the JVC. The specific timing, amounts and form of such additional investment shall be decided by the Board based upon the JVC's financial requirements. If the Board determines that additional paid-in capital is required, and a Party elects not to participate in the contribution of such additional capital, the other Party may make such contributions it deems appropriate, and the Board shall allocate to the contributing Party such additional shares as correspond to the amount of its contribution, and the non-contributing Party's percentage of total capital shall be reduced correspondingly on a pro-rata basis; provided that, XYZ acknowledges and agrees that, notwithstanding any provision to the contrary contained herein, (i) ABC's shareholding ratio in the JVC may fall below 25% (25% being referred to as "ABC's Shareholding Ratio") at any time prior to the Fifth Anniversary Date by reason of an election by ABC under this subsection not to participate in the contribution of any additional capital after the Second Closing Date, and (ii) none of ABC's rights and benefits under this Agreement shall be altered, diminished, limited or otherwise restricted whatsoever even if ABC's Shareholding Ratio is reduced for whatever reason (including its election not to participate in the contribution of any additional capital) at any time after the Second Closing Date.

6.7 Put Options

(a) <u>Between the Fifth Anniversary Date and the Tenth Anniversary Date</u>. At any time from and after the Fifth Anniversary Date but before the Tenth Anniversary Date, ABC, at its option and from time to time, shall have the right to sell, in any single transaction or series of transactions, part of its shares in the JVC, to XYZ or a third party designated by XYZ at a price determined in accordance with the formulas set forth in **Attachment 6.7** (the "Option Price"), subject to the condition that ABC's then shareholding ratio after the consummation of each put option hereunder is _____ percent (__%) or more of the total issued shares of the JVC during such period; provided that in case ABC's Shareholding Ratio is reduced after the Second Closing Date by reason of its election not to participate in the contribution of any additional capital under Section 6.6(b) above, then the minimum shareholding ratio that ABC will be required to maintain between the Fifth and Tenth Anniversary Dates for purposes of exercising a put option hereunder shall be computed by multiplying ABC's then shareholding ratio by the above percentage, divided by ABC's Shareholding Ratio. ABC may exercise each put option hereunder by giving a written notice to XYZ (or to a third party designated by XYZ and copied to XYZ), setting forth, among other things, the number of shares to be sold. A contract for the purchase and sale of the shares shall be deemed have been entered into upon the delivery of the written notice to XYZ (or to a third party designated by XYZ and copied to XYZ), and payment of the Option Price for such shares shall be due within thirty (30) days after such delivery (the "Payment Deadline"). After the Payment Deadline, interest shall accrue on the Option Price at a rate of 0.05% per day.

(b) <u>After the Tenth Anniversary Date</u>. At any time after the Tenth Anniversary Date, ABC may freely sell, in any single transaction or series of transactions, all or part of the remaining shares of the JVC to XYZ or a third party designated by XYZ at the Option Price by giving a written notice in a manner consistent with subsection (a) above. A contract for the purchase and sale of the shares shall be deemed have been entered into upon the delivery of the written notice to XYZ (or to a third party designated by XYZ and copied to XYZ), and payment of the Option Price for such shares shall be due on or before the Payment

Deadline. After the Payment Deadline, interest shall accrue on the Option Price at a rate of 0.05% per day.

6.8 Initial Public Offering and Listing of the JVC Shares

The Parties shall use their best efforts to cause the JVC, and the JVC shall use its best efforts, to have its shares listed on a recognized stock exchange (or to have its shares registered for trading in the over-the-counter market) as soon as possible after the Fifth Anniversary Date. Once such listing or registration occurs, ABC may sell its shares in the JVC either on the stock exchange, on the over-the-counter market or through private transactions. ABC may (i) sell, in a single transaction or series of transactions, part of its shares in the JVC on the stock exchange or over-the-counter market without the Section 6.9 restrictions, subject only to the condition that ABC's then shareholding ratio after the consummation of each such sale is _____ percent (__%) or more of the total issued shares of the JVC between the Fifth and Tenth Anniversary Dates; provided that in case ABC's Shareholding Ratio is reduced after the Second Closing Date by reason of its election not to participate in the contribution of any additional capital under Section 6.6(b) above, then the minimum shareholding ratio that ABC will be required to maintain between the Fifth and Tenth Anniversary Dates for purposes of this Section shall be computed by multiplying ABC's then shareholding ratio by the above percentage, divided by ABC's Shareholding Ratio, and (ii) sell all or part of the remaining shares in the JVC on the stock exchange or over-the-counter market after the Tenth Anniversary Date without any restrictions under this Agreement. If ABC desires to sell its JVC shares in private transactions even after the JVC shares are listed or registered, ABC may sell, in a single private transaction or series of private transactions, its shares in the JVC, subject to the Section 6.9 restrictions; provided that ABC's then shareholding ratio after the consummation of each such sale is _____ percent (__%) or more of the total issued shares of the JVC between the Fifth and Tenth Anniversary Dates (it being understood and agreed that in case ABC's Shareholding Ratio is reduced after the Second Closing Date by reason of its election not to participate in the contribution of any additional capital under Section 6.6(b) above, then the minimum shareholding ratio that ABC will be required to maintain between the Fifth and Tenth Anniversary Dates for purposes of private transactions hereunder shall be computed by multiplying ABC's then shareholding ratio by the above percentage, divided by ABC's Shareholding Ratio); and provided further that ABC may sell all or part of the remaining JVC shares after the Tenth Anniversary Date regardless of ABC's then shareholding ratio and without any obligation to maintain any minimum shareholding ratio.

6.9 Share Transfer Restrictions

(a) Before and including the Fifth Anniversary Date, no Party shall have the right to sell, transfer or otherwise dispose of all or part of its shares of the JVC to any third party.

(b) If, after the Fifth Anniversary Date, either Party desires to sell, transfer or otherwise dispose of all or any portion of its shares in the JVC, such Party ("Selling Party") shall first offer all such shares by written notice to the other Party ("Offeree Party"), specifying the price, terms and conditions of sale; provided, that in case the Selling Party is ABC, (i) it may sell, transfer or otherwise dispose of all or part of its shares in the JVC hereunder between the Fifth and Tenth Anniversary Dates only if its then shareholding ratio after the consummation of each sale, transfer or other disposition hereunder is _____ percent (__%) or more of the total issued shares of the JVC between the Fifth and Tenth Anniversary Dates (it being understood and agreed that in case ABC's Shareholding Ratio is reduced after the Second Closing Date by reason of its election not to participate in the contribution of any additional capital under Section 6.6(b) above, then the minimum shareholding ratio that ABC will be required to maintain between the Fifth and Tenth Anniversary Dates for purposes of this Section shall be computed by multiplying ABC's then shareholding ratio by the above percentage, divided by ABC's Shareholding Ratio); and (ii) ABC may sell, transfer or otherwise dispose of its remaining shares in the JVC after the Tenth Anniversary Date without any obligation to maintain any minimum shareholding ratio. The Offeree Party may accept this offer with regard to all of the offered shares or may designate one or more persons or legal entities ("Designee") to purchase, whether jointly with the Offeree Party or not, all or any portion of the offered shares in lieu of the Offeree Party. If the Offeree Party and/or Designee does not accept all of the offered shares in writing within _______ (__) days from the date of delivery of such written notice ("Acceptance Period"), then the Selling Party shall thereafter be free to sell, transfer, or otherwise dispose of such offered shares within a period of ___ (__) months ("Free Sale Period") after the expiration of the Acceptance Period; provided, however, that the Selling Party shall not sell, transfer or otherwise dispose of such shares to any third party either (i) at a lower price than the price at which such shares were offered to the Offeree Party and/or Designee, or (ii) on other terms or conditions more favorable than those offered to the Offeree Party and/or Designee. If all of the offered shares are not sold, transferred or otherwise disposed of to third parties upon the terms established herein and within the Free Sale Period, then they shall automatically become subject once more to the terms of this Section as if they had never before been offered for sale; provided, further, that, by giving a ___ days' prior written notice to XYZ (if XYZ is the Selling Party), ABC shall have the right to participate in the sale by XYZ of its shares during the Free Sale Period up to and including all of the shares owned by ABC as of the date of such sale and at a purchase price per share equal to that offered to XYZ by the third party.

(c) The Acceptance Period and/or Free Sale Period shall be extended until any government approval necessary for the sale, transfer or other disposition of the shares in question has been obtained to the satisfaction of the Selling Party, Offeree Party, Designee and/or third party, as the case may be, or officially and finally denied; provided, that the party seeking to extend the Acceptance Period and/or Free Sale Period shall have used due diligence in soliciting such government approval.

(d) Notwithstanding the provisions of subsections (a) and (b) above, (i) each Party may, without restriction, sell, transfer or otherwise dispose of all or any of its shares in the JVC to its Affiliate; provided, that such Party shall purchase or otherwise recover ownership of all said shares whenever it ceases to be an Affiliate of such Party, and (ii) if ABC is required to sell, transfer or otherwise dispose of any portion of its shares of the JVC pursuant to any applicable Korean law, regulation or administrative or court order, ABC shall be free to sell, transfer, or otherwise dispose of such portion of its shares free of the restrictions of this Section 6.9.

(e) Neither Party shall sell, transfer or otherwise dispose of all or any portion of its shares to its Affiliate or to a third party (including a Designee) unless the party acquiring such shares, as a condition precedent to such acquisition, delivers a written undertaking to the other Party and the JVC, in the form and substance acceptable to the other Party and the JVC, agreeing to observe and be bound by all provisions of this Agreement and other agreements related hereto as if such third party were a party hereto and/or thereto.

(f) After completion of and/or compliance with the procedures required in Sections 6.9(b) through 6.9(e) hereof:

    (i) The Selling Party shall then make application to the JVC for approval of the transfer by the Board to transfer the offered shares to the Offeree Party at the price determined by the Selling Party and the Offeree Party.

    (ii) Provided that Sections 6.9(b) through 6.9(e) above are observed, the Parties shall cause the directors nominated by them to approve such transfer.

    (iii) If a transferor who is a Party to this Agreement fails to observe the procedure of Sections 6.9(b) through 6.9(e) above, the Parties shall cause their nominated directors to vote to disapprove a request by such failing Party for transfer of shares to a third party.

(g) No party shall pledge or hypothecate any shares of the JVC nor otherwise use such shares as collateral nor for any other purpose which could result in an involuntary transfer or assignment of such shares or any part thereof to a third party, unless prior consent to such pledge, hypothecation or other such use has been received in writing from the other party.

(h) If either Party shall sell, transfer or otherwise dispose of all of its shares to third party(ies), other than to its Affiliate, the Parties agree that the JVC shall immediately take all action appropriate or necessary to cease all use in any form of such selling or transferring Party's name, trade name or trademark and the Korean equivalent thereof in and by the JVC, unless otherwise agreed in writing with such Party.

(i) Since damages arising from breach of the obligations under this Section 6.9 may be difficult to determine with precision, the Parties agree that any Party found to have breached the terms of Section 6.9 shall pay to the non breaching Party as liquidated damages:

    (i) the greater of (A) twice the fair market value of the shares transferred in violation of this Section, or (B) twice the gross compensation received by the breaching Party in the transaction whereby the breach occurred, if the JVC's shares are not listed on a recognized stock exchange or are not registered for trading in the over-the-counter market at the time of the breach. In such event, the fair market value of the shares shall be determined by a reputable international accounting firm to be agreed between the Parties and at the cost of the breaching Party (and if the Parties fail to agree on such accounting firm within thirty (30) days, appointed by the Korean Institute of the Certified Public Accountants); or

(ii) the greater of (A) the twice the weighted average market price for thirty (30) trading days immediately preceding the day of the transaction whereby the breach occurs, multiplied by the number of the shares transferred in violation of this Section, or (B) twice the gross compensation received by the breaching Party in the transaction whereby the breach occurred, if the JVC shares are listed on a recognized stock exchange or are registered for trading in the over-the-counter market at the time of the breach.

The Parties agree that such liquidated damages are fair and reasonable. Application of this liquidated damage provision shall not prevent the non-breaching Party from enforcing its rights or augmenting its protection by such other remedies as may be available.

(j) Confidentiality. Notwithstanding the transfer of all of their respective shares pursuant to this Section, the Parties agree they will not be relieved of their confidentiality obligations under Section 20.1 hereof. The above-mentioned confidentiality obligations of each Party to the other Party and of the Selling Party to the JVC shall remain in effect for three (3) years following the effective date of such assignment.

SECTION 7 OFFSET ASSISTANCE

The JVC will support the efforts of PP Corporation and its subsidiaries, divisions and affiliates (for purposes of this Section, collectively, "PPC") to obtain offset credits as a result of the formation of and business generated by the JVC; provided, however, that the JVC shall not itself incur any obligations or liabilities as a result of such support. Such support shall consist of but not be limited to:

(a) working with representatives of PPC to enlist the support of the cognizant ministry within

Korea for the recognition of offset credits associated with JVC activities;

(b) supporting initiatives to obtain recognition of the formation of the JVC as an offset project;

(c) supporting initiatives to make additional investments in the JVC by PPC eligible for offset credit;

(d) supporting initiatives to obtain offset credits for exports, technology transfers and training by the JVC; and

(e) supporting initiatives to permit PPC to accumulate offset credits for future use as a result of the activities of the JVC.

SECTION 8 PURCHASE OF BUSINESS

ABC is currently engaged in the business of designing, manufacturing, installing, distributing, marketing, selling, exporting and providing maintenance services for , product 1, product 2, product 3 and product 4, as further described in the BTA to be executed by the JVC and ABC (the "Business"), and ABC has agreed to transfer the Business to the JVC according to the terms of the BTA in the form of **Attachment 1.8** attached hereto. The Parties agree to cause ABC and the JVC to execute the BTA on the First Closing Date. A detailed list of the assets of ABC to be acquired by the JVC is set forth in the BTA.

SECTION 9 TECHNOLOGY AND TRADEMARKS

9.1 Trade Name and Trademark

On the First Closing Date, the Parties shall cause the JVC to execute (i) XYZ Trade Name and Trademark License Agreement between the JVC and XYZ in the form attached hereto as **Attachment 9.1A**, and (ii) ABC Trade Name and Trademark License Agreement between the JVC and ABC in the form attached hereto as **Attachment 9.1B**.

9.2 New XYZ Products.

If the JVC decides to produce other products in addition to those manufactured under XYZ Trade Name and Trademark License Agreement, the technology and know-how for producing these other products shall be obtained through an appropriate amendment to XYZ Trade Name and Trademark License Agreement or through a separate technology license agreement or agreements, subject to Board approval.

9.3 Licensing Activities.

The JVC shall be authorized to license its technology to other entities, subject to Board approval.

SECTION 10   MEETINGS AND RESOLUTIONS OF SHAREHOLDERS

10.1 The Board shall decide the time and place for convening all meetings of the JVC's shareholders except where Korean law provides otherwise, and notice thereof shall be given as set forth in the Articles of Incorporation.

10.2 All actions and resolutions of the shareholders shall be adopted by the affirmative vote of a majority of all the issued and outstanding voting shares of the JVC, except that resolution of each of the items listed in **Attachment 10.2** shall be adopted by the unanimous vote of all the issued and outstanding voting shares of the JVC. No shareholders' meeting shall be duly constituted unless a majority of all the issued and outstanding shares of the JVC are duly represented therein.

SECTION 11   BOARD OF DIRECTORS

11.1 The Formation of the Board

(a) Authorities. The Board shall direct the operations of the JVC according to Korea law.

(b) Composition. The Board shall consist of (   ) directors, (   ) of whom shall be nominated by ABC and (   ) of whom shall be nominated by XYZ. At the time this Agreement is executed and each time directors are nominated thereafter, each Party shall notify the other of the names of its nominees.

(c) <u>Term and Replacement.</u> Each director shall be appointed for a term of three (3) years and may serve consecutive terms if re-nominated by the Party which originally nominated such director. If a seat on the Board is vacated by the retirement, resignation, illness, disability or death of a director or by the removal of such director by the Party which originally nominated such director, the Party which originally nominated such director shall nominate a successor to serve such director's remaining term.

(d) If either ABC or XYZ wishes to replace any director which it nominated, with or without cause, the other Party shall exercise its voting right to approve such replacement. The Party proposing the dismissal shall indemnify and hold the JVC and the other Party harmless from any and all damages, liabilities and other expenses that may arise out of such action.

(e) The Representative Director shall preside at all meetings of the Board.

(f) <u>Additional Attendees.</u> Any Management Personnel of the JVC may attend Board meetings upon the invitation of the Board but shall not be entitled to vote unless he or she is a director in his/her own rights.

11.2 Meetings and Powers of Board

(a) <u>Powers.</u> The Board shall have the authority set forth herein and in the Articles of Incorporation.

(b) <u>Meeting.</u> Regular meetings of the Board shall be held at least twice each year. Upon the written request of one (1) or more of the directors of the JVC specifying the matters to be discussed, the Representative Director shall convene an interim meeting of the Board.

(c) <u>Notice and Agenda.</u> Board meetings shall be held at the registered address of the JVC or such other address in Korea or abroad as may be designated by the Board. Meetings shall be held upon fourteen (14) days prior notice to the directors, provided that such notice requirement may be waived by unanimous written consent of all directors and statutory auditors. A notice of a Board meeting shall cover the agenda, time and place of such meeting. The Representative Director shall be responsible for convening and presiding over such meetings.

(d) [Proxies. If a Board member is unable to participate in a Board meeting in person he may issue a proxy and entrust another person to participate in the meeting on his behalf. The representative so entrusted shall have the same rights and powers as the Board member. If a Board member fails to participate or to entrust another to participate, he will be deemed as having waived such right.]

(e) Quorum.______( ) directors present [in person, by proxy] shall constitute a quorum which shall be necessary for the conduct of business at any meeting of the Board. If at any properly convened meeting, no quorum is constituted because less than______( ) directors are present [in person or by proxy], then the Board shall reconvene at the same time and place within ten (10) days of the originally scheduled meeting. If at any reconvened meeting no quorum is present, representatives of the Parties shall meet to resolve the situation and take appropriate steps to cause the Board to meet promptly and to act.

(f) Each director present [in person or by proxy] at a meeting of the Board shall have one vote. If upon any resolution there is a deadlock, such resolution shall remain undecided.

(g) Protection of Minority Rights and Unanimous Votes. Resolution of each of the items listed in **Attachment 11.2(g)** shall require the unanimous affirmative vote of each and every director of the Board [voting in person or by proxy] at such meeting.

(h) Simple Majority. Other items that require resolution by the Board must be adopted by the affirmative vote of a simple majority of the directors present [in person, or by proxy] at such meeting where a quorum is present.

(i) Salaries, Expenses and Liabilities. Directors shall not be paid any salaries, except when a director is also an employee of the JVC. The JVC shall be responsible for the reasonable expenses incurred by the appointed directors in attending Board meetings. No director shall have any personal liability for any act performed in his capacity as a director of the JVC in good faith, except for acts as would constitute gross negligence, willful misconduct, violations of the criminal laws of any jurisdiction to which the JVC or relevant director is subject, or willful violation of the Articles of Incorporation.

11.3 Statutory Auditor(s)

(a) The JVC shall have one (1) standing statutory auditor and one (1) non-standing statutory auditor. A standing statutory auditor shall be nominated by XYZ and a non-standing statutory auditor shall be appointed by ABC. Each statutory auditor shall be appointed for a term of three (3) years and may serve consecutive terms if re-nominated by the Party which originally nominated such statutory auditor.

(b) If the Party which originally nominated a statutory auditor wishes to replace him or her, with or without cause, the other Party shall exercise its voting right to approve such replacement. The Party proposing the dismissal shall indemnify and hold the JVC and the other Party harmless from any and all damages, liabilities and other expenses that may arise out of such action.

(c) In case the position of a statutory auditor becomes vacant due to the retirement, resignation, illness, disability or death of a statutory auditor or by the removal of such statutory auditor by the Party which originally nominated such statutory auditor, the Party which originally nominated such statutory auditor shall nominate a successor to serve such statutory auditor's remaining term.

SECTION 12 OPERATIONS AND MANAGEMENT

12.1 Management and Organization

(a) <u>Board and Managers.</u> The JVC shall adopt a management system under which the management organization shall be responsible to and under the leadership of the Board. The JVC shall have a Representative Director and a Finance Manager, who shall be individuals of high professional qualifications and experience. The Representative Director and the Finance Manager shall be nominated by XYZ. The Representative Director and the Finance Manager shall be appointed by the Board pursuant a duly adopted resolution.

(b) <u>Term of Office and Dismissal.</u> The term of office of the Representative Director shall be three (3) years, or as determined by the Board. The Representative Director may be dismissed at any time by a resolution of the Board. If it becomes necessary, due to dismissal or resignation, to replace the Representative Director, XYZ shall nominate his or her replacement for appointment by the Board.

12.2 Responsibilities and Powers of the Representative Director

The duties of the Representative Director shall consist of carrying out the decisions of the Board and organizing, directing and deciding all matters related to the day-to-day operation and management of the JVC in accordance with modern management practices and structures. The Representative Director shall have the power to appoint and dismiss Working Personnel in accordance with Korean law and the labor management policies to be established by the Board. Within the limitations specified in the Articles of Incorporation, this Agreement, and as may be determined by the Board, the Representative Director shall represent the JVC in all matters concerning its day-to-day operations and management. The specific powers and responsibilities of the Representative Director, including his or her right and authority to act on behalf of, and bind, the JVC, shall be as set forth herein and in the relevant provisions of the Articles of Incorporation, or as may be determined by the Board from time to time.

12.3 Annual Plans and Budgets

The Representative Director shall be responsible for the preparation of the annual business plan and budget of the JVC. The annual business plan and budget (including the projected balance sheet, profit and loss statement and cash flow report) for each fiscal year shall be submitted to the Board for approval and shall include comprehensive detailed information on:

(a) procurement of equipment and other assets of the JVC;

(b) the raising and application of funds;

(c) plans with respect to production and sale of the products manufactured by the JVC;

(d) the repair and maintenance of the assets and equipment of the JVC;

(e) the estimated income and expenditures of the JVC covered by the production plan and budget, including annual profit distribution plan;

(f) plans for training the staff and workers of the JVC;

(g) requirements of raw materials, fuel, water, electricity and other utilities, and all other inputs for the next year's production;

(h) personnel and organizational set-up plan of the JVC;

(i) major projects for expanding the scope of production and sales activities; and

(j) any other matter in respect of which the Board may have requested a report.

12.4 Quarterly Management Report

The Representative Director shall prepare a quarterly management report in the form recommended by Board and containing such information as shall be requested by the Board.

12.5 Approval and Implementation of Annual Plans and Budgets

The Board shall examine and approve the annual business plan and budget submitted. The Representative Director shall be responsible for the implementation of the plan and budget approved by the Board.

12.6 Quality Control Program

The JVC shall strive to maintain strict quality standards for all of the products manufactured by the JVC through the adoption of the following measures:

(a) Quality Control Department. The JVC shall establish a quality control department, to be headed by a manager, who shall take responsibility for all of the JVC's quality and reliability work.

(b) Inspections. Strict inspection for conformity to standards shall be carried out on all raw materials, purchased components, finished components and finished products.

(c) Feedback System. Product quality feedback and after-sales systems shall be instituted.

(d) Inspection Facilities. The JVC shall establish a quality inspection facility with appropriate qualification and measuring equipment.

SECTION 13 BASIC OPERATING POLICIES

13.1 The Parties are in agreement on the corporate and operating policies set forth below in this Section. The Parties agree to vote their shares and to cause their nominated directors and other managers to effectuate such policies during the continuance of this Agreement.

13.2 XYZ (together with its permissible transferees hereunder) and ABC (together with its permissible transferees hereunder) shall own the entire issued capital stock of the JVC.

13.3 The books and records of the JVC (i) shall, to the maximum extent allowable, be maintained in the Korean and English languages in accordance with Korean GAAP applied on a consistent basis, and (ii) shall accurately reflect JVC's financial position.   For the financial reporting requirements of XYZ, the JVC shall prepare at the times and in the manner required such financial information as is required by subsidiaries of XYZ and Affiliates which are located outside the United States.

13.4 ABC and XYZ agree to cause the books and records of the JVC to be audited at the end of each fiscal year during the term of this Agreement by the Independent Auditor appointed pursuant to Section 15.2 hereof ("Annual Audit"). Such firm of accountants shall yearly provide the Parties with financial reports in the English and Korean languages in a form acceptable to the Parties, bearing in mind any reporting requirements in the United States to which XYZ may be subject. Copies of such Annual Audits shall be provided to the Parties at the JVC's expenses.

13.5 The fiscal year of the JVC shall begin on December 1 and shall end on November 30 of each year; provided, however, that the first fiscal year shall begin on the date the JVC is incorporated and shall end on November 30 immediately following. All dates herein have reference to the Gregorian calendar.

13.6 In recognition of the language difference between the Parties the results of all shareholders' meetings and Board meetings shall be conducted in the English language and recorded in the Korean and English languages. In the event of conflict between the Korean and English version, the English version shall prevail. The Parties further agree that all significant financial, business, technical or other information and data of JVC shall be translated on a timely basis into the Korean or English language at the JVC's costs, when reasonably requested by a Party.

13.7 The Parties shall exercise the voting rights as shareholders and cause the directors appointed by them to vote in such manner as to give effect to the terms of this Agreement. The Parties shall use their best efforts to ensure the JVC performs and observes all the terms and conditions on its part to be observed and performed under any contract or arrangement from time to time subsisting between the Parties or the JVC.

SECTION 14 LABOR MANAGEMENT AND POLICIES

14.1 Governing Principle

The Representative Director shall formulate a plan for matters concerning the recruitment, employment, dismissal, wages, labor insurance, welfare benefits, bonuses and allowances reward and discipline of the workers and staff members of the JVC (including whether to extend any existing labor contracts) in accordance with modern management standards, practices and policies, the relevant laws and regulations of Korea. The plan shall be submitted for approval of the Board.

14.2 Working Personnel

Employees other than Management Personnel shall be employed by the JVC in accordance with the relevant laws and regulations of Korea, JVC policies, and in the case of any workers duly represented by a labor union, a collective bargaining agreement shall be entered into between the JVC and the labor union after the establishment of the JVC. Such policies and collective bargaining agreement shall establish all terms governing the employment duties and benefits.

14.3 Management Personnel

Management Personnel shall be employed by the JVC in accordance with the terms of individual employment agreements. The detailed terms and conditions of the employment and compensation of the Management Personnel shall be reviewed by the Board.

14.4 Expatriate Personnel

As the JVC's needs require, expatriate Management Personnel and senior technical personnel shall be hired by the JVC upon the recommendation of XYZ. Such personnel shall enter into individual employment agreements with the JVC.

14.5 Conformity with Labor Protection

The JVC shall conform to rules and regulations of the Korean government concerning labor protection and ensure safe and civilized protection. The JVC shall also conform to health, safety and environmental rules and regulations and guidelines of XYZ.

14.6 Human and Natural Resources Protection Policies

In addition to meeting the health, environmental protection and worker safety requirements stipulated by the Korean government the JVC shall adopt XYZ's Human and Natural Resources Protection policies, procedures, programs and standards ("HNRP Policies"), to the extent such do not conflict with Korean Law.   The parties shall cause the JVC to observe all internal reporting procedures under the HNRP Policies subject to the foregoing.

SECTION 15   FINANCIAL AFFAIRS AND ACCOUNTING

15.1 Accounting System

(a) <u>Responsibilities</u>. Finance Manager of the JVC, under the leadership of the Representative Director, shall be responsible for the financial management of the JVC.

(b) <u>Procedures.</u> The Representative Director and the Finance Manager shall prepare the accounting system and procedures in accordance with Korean law and Korean GAAP. The JVC shall adopt the operating and financial policies and procedures recommended by XYZ to the extent they are not in conflict with Korean law and Korean GAAP, and shall prepare periodic reporting of financial information as requested by XYZ.

15.2 Auditing

(a) <u>Independent Audit</u>. _______________ and/or its local affiliate, shall be engaged by the JVC as its auditor to examine and verify the annual report on the financial accounts ("Independent Auditor"). The JVC shall submit to the Parties the annual financial statements (including the audited Profit and Loss Account, the Balance Sheet and Cash Flow Balance and Foreign Exchange Balance for the fiscal year) within three (3) months after the end of the fiscal year, together with the audit report of the Independent Auditor. The JVC shall also prepare and distribute to the Parties a monthly report on the business of the JVC.

(b) <u>Party Audits</u>. Each Party may, at its own expense, appoint an accountant (which may be an accountant paid in either abroad or in Korea), on behalf of such Party, to audit the accounts of the JVC. Reasonable cooperation relating to providing access to the accounting books and records shall be given to such accountant and such accountant shall keep confidential from unaffiliated third parties the information disclosed during the course of his audit.

(c) <u>Board Review</u>. The Board shall review and approve the periodic audits of the accounts. In the event that the Board determines that the audits submitted by the Independent Auditor are unable to properly meet the standards set forth above, the Board may replace the Independent Auditor or retain another auditor at JVC's expense, to supplement or adjust the work of the Independent Auditor or to perform specific accounting and auditing tasks.

15.3 Profit Distribution

(a) <u>Proportionate Distributions</u>. The Parties agree in principle that the after-tax profit for each fiscal year shall be distributed to the Parties. Subject to the mandatory provisions of the relevant laws and regulations of Korea, the after-tax profit, if any, of the JVC for each fiscal year shall be distributed (and the shareholders shall vote to approve the distribution of such after-tax profit as a dividend) pursuant to a resolution of the shareholders' meeting held for that fiscal year in proportion to their respective shares in the paid-in capital of the JVC.

(b) <u>Profit Declaration and Payment</u>. All profits of the JVC shall be declared in Won.

(c) <u>Method of Payment</u>. All payments to be distributed under this Section 15 shall at the request of the receiving Party be transmitted electronically to an account at a bank specified in advance by such Party, or pursuant to any other method agreed by the Parties.

(d) Any and all cash distributions or remittances of any kind (including, but not limited to, dividends, and distributions which may be made upon liquidation, dissolution, or reorganization) which may be payable by the JVC to XYZ shall be paid in U.S. Dollars or other currency designated by XYZ, and remitted to such bank account as may be designated from time to time by XYZ. The JVC shall make such tax withholdings from such cash distributions or remittances as are required under Korean law.

(e) If, for any reason, Government Approval cannot be obtained for payment in the manner set forth above, then such payment shall be made in any other currency and/or in any other manner reasonably specified by XYZ.

SECTION 16 TAXATION AND INSURANCE

16.1 Income Tax, Customs Duties and Other Taxes

(a) <u>Tax Payment</u>. The JVC shall pay taxes under the tax laws and regulations applicable to a Korean [______] Hoesa. JVC employees, including Management Personnel and expatriate personnel shall be responsible for and pay their individual income tax in accordance with the tax laws of Korea and their legal domicile. The JVC shall make such tax withholdings from employees' wages as are required by Korean law.

(b) <u>Tax preferences</u>. The JVC will use its best endeavors to apply for and obtain preferential tax treatment, reductions and exemptions, as provided by the relevant regulations.

16.2 Insurance

The JVC shall, at its own cost and expense, take out and maintain full and adequate insurance of the JVC against loss or damage by fire and such other risks as may be decided by the Board. The property, transportation and other items of insurance of the JVC shall be obtained within Korea or as otherwise determined by the Board. The types and amounts of insurance coverage shall be determined by the Board in accordance with applicable Korean laws and XYZ' policies, practices or recommendations, if any.

SECTION 17 REPRESENTATIONS AND WARRANTIES

Each Party represents and warrants to the other that;

(a) it is a corporation duly organized, validly existing and in good standing under the laws of the jurisdiction wherein it is organized and existing;

(b) it has all necessary corporate power and authority to enter into this Agreement and the Related Agreements, and to perform all of the obligations to be performed by it hereunder and thereunder;

(c) subject to the obtaining of all required Government Approvals of this Agreement, this Agreement constitutes a valid and legally binding obligation of the Party and will be enforceable against the Party in accordance with its terms;

(d) this Agreement and the Related Agreements, and the consummation of the transactions contemplated hereby and thereby have been duly authorized and approved by and on behalf of the Party by all requisite corporate actions; and

(e) the execution and delivery of this Agreement and the Related Agreements, and the consummation of the transactions contemplated hereby and thereby, and the fulfillment of and compliance with the terms, and conditions hereof and thereof, do not (i) violate any judicial or administrative order, award, judgment or decree applicable to the Party, or (ii) conflict with the terms, conditions or provisions of the articles of incorporation or any other regulations of the Party.

SECTION 18 TERMINATION AND LIQUIDATION

18.1 Reasons for Termination

A Party shall have the right to give a written notice of termination upon the occurrence of any one of the following events:

(a) <u>Material Breach</u>. If the other Party materially breaches this Agreement or violates the Articles of Incorporation, and such breach or violation is not cured within sixty (60) days of written notice to the breaching Party;

(b) <u>Bankruptcy</u>. If the other Party becomes bankrupt, or is the subject of proceedings for liquidation or dissolution (excluding any automatic dissolution of a Party following the merger of such Party with or into its Affiliate), or ceases to carry on business or becomes unable to pay its debts as they come due, or if creditors of the other Party have taken over management of such Party;

(c) <u>Expropriation</u>. If all or any material part of the assets of the JVC are expropriated by any government authority;

(d) <u>Government Action</u>. If any government authority having authority over a Party requires any provision of this Agreement or the Articles of Incorporation to be revised in such a way as to cause significant adverse consequences to the JVC or a Party.

(e) <u>Force Majeure</u>. If the conditions or consequences of Force Majeure prevail for a period in excess of three (3) consecutive complete calendar months and the Parties have been unable to find an equitable solution pursuant to Section 19 hereof; or

(f) <u>Termination of Related Agreements</u>. If any of the Related Agreements is terminated prior to its scheduled expiration; provided, that a party whose breach under any such Related Agreement has caused termination thereof may not terminate this Agreement pursuant to this Section 18.1(f).

18.2 Notification Procedure

In the event that a Party gives notice of termination pursuant to Section 18.1 hereof, the Parties shall, within a one-month period after such notice is given, commence negotiations and endeavor to resolve the reason for notification of termination. In the event matters are not resolved to the satisfaction of the Parties within one (1) month after commencement of negotiations, or the non-notifying Party refuses to commence negotiations within the period stated above, the notifying Party may terminate this Agreement by, and effective upon, giving the other Party written notice of termination.

18.3 <u>Automatic Termination</u>. This Agreement shall terminate automatically:

(a) <u>Failure to Close</u>. If the First Closing does not occur for whatever reason on or before ________, or if the Second Closing does not occur for whatever reason on or before __________; or

(b) Upon sale, transfer or other disposition by either Party and its Affiliates of all of their shares in the JVC in accordance with the terms hereunder.

18.4 Consequences of Termination

(a) Termination of this Agreement shall be without prejudice to the accrued rights and liabilities of the Parties at the date of termination, unless waived in writing by mutual agreement of the Parties.

(b) If this Agreement is terminated by a Party (“Terminating Party”) in consequence of a material breach of this Agreement by the other party (“Breaching Party”), and the Terminating Party is not itself in material breach of this Agreement at the time notice of termination is given, then

(i) the Terminating Party shall enjoy the right to secure, at the JVC's expense, an appraisal of the fair market value of the JVC's shares from a reputable international accounting firm to be agreed between the Parties (or if the Parties fail to agree on such accounting firm within thirty (30) days, appointed by the Korean Institute of Certified Public Accountants);

(ii) the Terminating Party shall have the following rights (without prejudice to any right it may have to receive damages in consequence of breach of this Agreement) and the Breaching Party shall have corresponding obligations:

(A) the right to require the Breaching Party to sell all or a portion of its shares of the JVC to the Terminating Party or its designee at their appraised value;

(B) the right to require the Breaching Party to purchase all or a portion of the Terminating Party's shares of the JVC at their appraised value; or

(C) the right to require the Breaching Party to join with the Terminating Party to cause the JVC to go into liquidation; and

(iii) a contract for the sale and purchase of the shares shall be deemed to have been entered into upon the delivery of written notice to the Breaching Party of the decision of the Terminating Party to exercise the option given above, and payment for the shares shall be due within sixty (60) days of the completion of the appraisal.

18.5 Liquidation

(a) Option upon Termination. In the event that this Agreement has been terminated for any reason and the Parties have not agreed on an acquisition of the JVC as a going concern by a Party or by a third party, then the physical assets of the JVC shall be valued by and liquidated under the direction of the Board.

(b) Valuing and Selling Procedure. In valuing and selling physical assets, the Board shall use every effort to obtain the highest possible price for such assets, including the retention of an independent third party expert knowledgeable in assessing the value of the types of assets owned or held by the JVC to assist in such valuation. Sales of the JVC's assets shall be in Won to the fullest extent possible, and shall be deposited in a joint account.

(c) Settlement and Payment. After liquidation and the settlement of all outstanding debts of the JVC, including the payment of all Management Personnel and Working Personnel salaries, and subject to the payment of any applicable taxes, amounts remaining in the joint account shall be paid over to the Parties in proportion to their respective shares in the paid-in capital of the JVC. Any and all amounts payable to XYZ shall be paid promptly in United States Dollars or such other currency designated by XYZ and shall be freely remittable by XYZ out of Korea, subject to any Government Approvals.

SECTION 19   FORCE MAJEURE

19.1 Force Majeure

(a) <u>Definition and Examples</u>. "Force Majeure" shall mean all events which are beyond the control of the Parties to this Agreement, and which are unforeseen, or if foreseen, unavoidable, and which prevent total or partial performance by a Party. Such events shall include but are not limited to any strikes, lockouts, explosions, shipwrecks, acts of nature or the public enemy, fires, flood, sabotage, accidents, war, riots, interference by military authorities, insurrections, inability to obtain transportation, and any other similar or different contingencies; provided however, that the Party so prevented from complying herewith shall not have procured such Force Majeure, shall have used reasonable diligence to avoid such Force Majeure and ameliorate its effects, and shall continue to take all actions within its power to comply fully with the terms of this Agreement.

(b) <u>Effect</u>. If an event of Force Majeure occurs, to the extent that the contractual obligations of the Parties to this Agreement (except the obligations under Section 20 hereof) cannot be performed as a result of such event, such contractual obligations shall be suspended during the period of delay caused by the Force Majeure and shall be automatically extended, without penalty, for a period equal to such suspension, subject to the provisions of Section 18.1(e) above.

(c) <u>Notice Required</u>. The Party claiming Force Majeure shall inform the other Party in writing within ten (10) days after the occurrence of said Force Majeure and shall furnish appropriate proof of the claim of the Force Majeure. The Party claiming Force Majeure shall also use all reasonable endeavors to remove or remedy the Force Majeure.

(d) <u>Consultation Required</u>. In the event of Force Majeure, the Parties shall immediately consult with each other in order to find an equitable solution and shall use all reasonable endeavors to minimize the consequences of such Force Majeure.

SECTION 20   CONFIDENTIALITY AND NON-COMPETITION

20.1 Confidentiality

(a) <u>Mutual Obligations.</u> From time to time prior to and during the term of this Agreement a Party may have disclosed or may disclose Proprietary Information to the other Party. In addition, the Parties may, from time to time during the term of this Agreement, obtain Proprietary Information of the JVC in connection with the operation of the JVC. Except as otherwise provided in any agreement between the JVC and a Party or for purposes of submitting any such agreement for the necessary approval of any relevant governmental authority, the Parties receiving such information shall, during the term of this Agreement and for three (3) years thereafter or until such information properly comes into the public domain: (i) maintain the confidentiality of such information; (ii) not disclose it to any person or entity, except to their employees and advisers who need to know such information to perform their responsibilities; and (iii) not use such information except for the benefit of the JVC.

(b) <u>Further Advice</u>. Each Party shall advise its directors, senior staff, and other employees receiving such information of the existence of and the importance of complying with the obligations set forth in Section 20.1(a) above.

20.2 Non-Competition

As long as both Parties remain shareholders of the JVC, both Parties shall not, and shall cause their respective Affiliates not to, engage in a business in Korea or enter into any business relationship with any other entity or person in Korea, which will compete with or which will have a materially adverse effect on the Business of the JVC; provided, however, that the Parties agree that ABC and its Affiliates are not precluded from conducting their businesses as currently conducted, including, without limitation, the motor business, or from developing, manufacturing, selling, distributing, or exporting new products that are a logical or technological extension, improvement or upgrade of the products currently being developed, manufactured, sold, distributed or exported by such companies.

SECTION 21　SETTLEMENT OF DISPUTES

21.1 Consultations

In the event a dispute arises in connection with the interpretation or implementation of this Agreement, the Parties shall attempt in the first instance to resolve such dispute through friendly consultations. If the dispute is not resolved in this manner within sixty (60) days after the commencement of discussions or such longer period as the Parties agree to in writing at that time, then the Parties shall submit the dispute to the International Chamber of Commerce (the "ICC") in Seoul for final decision pursuant to the provisions of the Arbitration Rules of the ICC, with instructions that the arbitration be conducted in the manner set forth in Section 21.2 hereof.

21.2 Arbitration

Arbitration shall be conducted as follows:

(a) <u>English Proceedings</u>. All proceedings in any such arbitration shall be conducted in English.

(b) <u>Three Arbitrators/Applicable Law</u>. There shall be three (3) arbitrators, all of whom shall be fluent in English and at least one of whom shall be fluent in Korean. ABC and XYZ shall each appoint one arbitrator, and a third arbitrator shall be appointed in accordance with ICC Rules. The arbitrators shall apply the substantive laws (and not the laws pertaining to conflicts or choice of laws) of Korea.

(c) <u>Award Binding</u>. The arbitration award shall be final and binding on the Parties, and the Parties agree to be bound thereby and to act accordingly.

(d) <u>Costs.</u> The costs of arbitration shall be borne by the losing Party, unless otherwise determined by the arbitration award.

(e) <u>Obligations to Continue</u>. If any dispute occurs and if any dispute is under arbitration, except for the matters under dispute the Parties shall continue to exercise their remaining respective rights, and fulfill their remaining respective rights and obligations under this Agreement.

(f) <u>Enforcement</u>. Judgement upon any award entered through arbitration may be entered in any court having jurisdiction or application may be made to any such court for judicial acceptance of the award and an order of enforcement, as the case may be.

SECTION 22 GOVERNING LAW

22.1 Governing Law

The validity, interpretation and implementation of this Agreement shall be governed by the published and publicly available laws of Korea (excluding conflict of laws provisions).

22.2 Legal Compliance

The Parties agree to cause the JVC to comply with all applicable Korean laws, and with all applicable United States laws and regulations governing the operation of the JVC and the conduct of its employees to the extent that such compliance does not conflict with Korean laws or regulations.

SECTION 23 MISCELLANEOUS

23.1 Notices

Any notice or written communication provided for in this Agreement by one Party to the other, including, but not limited to, any and all offers, writings, or notices to be given hereunder, shall be made in English by paid-in airmail letter or by facsimile confirmed by paid-in airmail letter, promptly transmitted or addressed to the appropriate Party. The date of receipt of a notice or communication hereunder shall be deemed to be three (3) days after its postmark in the case of an airmail letter and one (1) working day after dispatch in the case of a facsimile. All notices and communications shall be sent to the appropriate address set forth in the Preamble hereof, until the same is changed by notice given in writing to the other Party or the Parties, as the case be.

23.2 Waiver

Failure or delay on the part of any Party hereto to exercise any right, power or privilege under this

Agreement, or under any Related Agreement, shall not operate as a waiver thereof; nor shall any single or partial exercise of any right, power or privilege preclude any other future exercise thereof.

23.3 Amendments

This Agreement may not be changed orally, but only by a written instrument signed by the Parties and approved, if required, by the relevant authorities in Korea.

23.4 Language

This Agreement is written and executed in English.

23.5 Entire Agreement

This Agreement and the Attachments hereto constitute the entire agreement among the Parties with respect to the subject matter of this Agreement and supersede all prior discussions, negotiations and agreements including oral agreements, if any, among them.

23.6 Headings

The headings of Sections in this Agreement are for convenience only and do not substantively affect the terms this Agreement.

23.7 Assignability

This Agreement and each and every covenant, term and condition hereof shall be binding upon and inure to the benefit of the Parties hereto and their respective successors, but neither this Agreement nor any rights hereunder shall be assignable, directly or indirectly, by any Party without the prior written consent of the other Party, except for an assignment in accordance with Sections 6.7 through 6.9 hereof.

23.8 Attachments

The Attachments hereto are hereby made an integral part of this Agreement and are equally binding with these Sections 1-23. The Attachments are as follows:

Attachment 1.8:	BTA
Attachment 3.3:	Articles of Incorporation
Attachment 5:	Products
Attachment 6.7:	Option Price Formulas
Attachment 9.1A:	XYZ Trade Name and Trademark License Agreement between the JVC and XYZ

Attachment 9.1B:	ABC Trade Name and Trademark License
Attachment 10.2:	Shareholders Resolutions Requiring Unanimous Vote
Attachment 11.2(g):	Board Resolutions Requiring Unanimous Vote

Agreement between the JVC and ABC

23.9 Confirmation

After formation of the JVC, the Parties agree to cause the JVC to execute a written confirmation and agreement to the terms and conditions hereof as a binding commitment of the JVC.

REMAINDER OF PAGE IS BLANK
SIGNATURE PAGE TO FOLLOW

IN WITNESS WHEREOF, each of the Parties hereto have caused this Agreement to be executed by their duly authorized representatives on the date first set forth above.

[ABC INC.]   [insert XYZ name]

___________________   ___________________

By: By:

Name: Name:

Title: Title:

ATTACHMENT 10.2

Shareholders' Resolutions Requiring Unanimous Vote

1. Amendment to the Articles of Incorporation;

2. Merger, liquidation, dissolution or spin-off of the JVC; and

3. Sale, transfer or other disposition of a substantial portion of the assets or business of the JVC (i.e., 10% or more of the total assets of the JVC).

ATTACHMENT 11.2(g)

Board Resolutions Requiring Unanimous Vote

1. To issue any new shares, bonds, options, bonds with warrants, calls, rights or other securities convertible into, exchangeable for, or evidencing the right to purchase or subscribe for, any shares of such stock of the JVC;

2. To borrow money in excess of ___________ Won;

3. To issue guarantee or provide security interest on the assets of the JVC for the benefit of a third party, including the Party or Parties;

4. To approve a transaction between the JVC and a shareholder of the JVC or its Affiliate;

5. To approve capital expenditure in any year exceeding 5% over the amount provided for in an approved business plan and budget;

6. To approve the JVC entering into any arrangement or incurring any liability which is not in the ordinary course of the business;

7. To approve the JVC entering into any arrangement or incurring any liability which is not on arm's length terms;

8. To create any committee of the Board or the delegation of any power of the Board;

9. To approve the business plan and budget and any material deviation from an approved business plan and budget;

10. To change the Business materially, to acquire any business or to enter into any new business; and

11. To enter into, renew or vary the terms of any contracts or agreements with a value of ___________ Won or more.

Ⅳ. 기술사용허락계약: Technical License Agreement

TECHNICAL LICENSE AGREEMENT

This TECHNICAL LICENSE AGREEMENT (the "Agreement") is entered into effective as of ______________, 1999, by and between ABC Corporation, a ________________ Company ("ABC") and XYZ, a Korean corporation ("LICENSEE"), with respect to the following facts:

RECITALS

WHEREAS, ABC, and its Affiliates have developed and are developing certain proprietary technology that may be useful in making high-speed optical computer Multibeam DVD-ROM Drives; and

WHEREAS, LICENSEE desires to obtain a license to ABC Technology so that LICENSEE may operate as an Authorized Drive Maker, and ABC desires to grant such license in exchange for the royalties and other provisions hereof, in accordance with the terms and conditions set forth in this Agreement.

AGREEMENT

NOW, THEREFORE, the parties hereby agree as follows:

1. DEFINITIONS. For the purpose of this Agreement, the following definitions apply:

a. "Affiliates" means, as to a Party, any present or future Subsidiary or Parent of the Party, but only for so long as the Subsidiary remains a Subsidiary of the Party. The term "Subsidiary" of a Party means any corporation or other legal entity (i) the majority (more than fifty percent (50%)) of whose shares or other securities entitled to vote for election of directors (or other managing authority) is now or hereafter owned or controlled by such Party either directly or indirectly; or (ii) which does not have outstanding shares or securities but the majority (more than fifty percent (50%)) of the equity interest in which is now or hereafter owned or controlled by such Party either directly or indirectly, but only for so long as such ownership or control exists as specified in (i) or (ii) above. The term "Parent" of a Party means any entity for whom the Party is a Sub-sidiary.

b. "Authorized ASIC Makers" means only those companies which have been granted a license by ABC under ABC Technology or ABC Intellectual Property to design, develop, make, have made and import, and use, or otherwise dispose of (but only for testing and in limited numbers for reference designs and marketing purposes), Multi-Beam ASICs for use by Authorized Drive Makers in making Multibeam DVD-ROM Drives, but only so long as such companies remain so licensed by ABC. As of the Effective Date, Authorized ASIC Makers include only the companies listed in Exhibit A attached hereto. ABC shall, upon written request, notify LICENSEE of additions or deletions to the list of Authorized ASIC Makers.

c. "Authorized Drive Makers" means only those companies which have been granted a license by ABC under ABC Technology or ABC Intellectual Property to design, develop, have made and make, use, Sell, offer for Sale, import or otherwise dispose of Multi- Beam DVD-ROM Drives, but only so long as such companies remain so licensed by ABC.

d. "Authorized Licensees" means any and all Authorized ASIC Makers, Authorized Optics Makers and Authorized Drive Makers.

e. "Authorized Optics Makers" means only those companies which have been granted a license by ABC under ABC Technology or ABC Intellectual Property to design, develop, make, have made and import, and use, or otherwise dispose of (but only for testing and in limited numbers for reference designs and marketing purposes),optical pickups and components for optical pickups for use by Authorized Drive Makers in making Multibeam DVD-ROM Drives, but only so long as such companies remain so licensed by ABC. As of the Effective Date, Authorized Optics Makers include only the companies listed in Exhibit A attached hereto. ABC shall, upon written request, notify LICENSEE of additions or deletions to the list of Authorized Optics Makers.

f. "Computer Programming Code" means source code (i.e., human-readable), object code (i.e., machine readable), and data structures.

g. "Computer Programming Code Documentation" means printed material relating to Computer Programming Code.

h. "Derivative Work" means a work that is based on ABC's Computer Programming Code, such as a compilation, revision, enhancement, modification, translation, abridgement, condensation, expansion, or any other form in which ABC's Computer Programming Code may be recast, transformed, or adapted, and that if prepared without ABC's authorization would constitute a copyright infringement.

i. "Effective Date" means the effective date first set forth above.

j. "Multibeam ASIC" means an integrated circuit that: (i) accepts multiple RF inputs; (ii) decodes the multiple RF inputs into data blocks; and (iii) serializes the data blocks. A chipset consisting of multiple integrated circuits that perform the function of a Multibeam ASIC for use in a single Multibeam DVD-ROM Drive shall be considered to be one Multibeam ASIC when Sold together to a single customer as a chipset and shall count as a Sale of a single Multibeam ASIC for purposes of determining the number of Multibeam ASICs Sold subject to any applicable royalty.

k. "Multibeam DVD-ROM Drive" means an optical drive that simultaneously reads multiple tracks of a read-only digital versatile disk.

l. "Multibeam Optical Pickup" means an optical pickup that simultaneously generates multiple RF inputs corresponding to information stored in a DVD medium. Multiple optical or electromagnetic components that perform the function of a Multibeam Optical Pickup for use in a single Multibeam DVD-ROM Drive shall be considered to be one Multibeam Optical Pickup when Sold together to a single customer and shall count as a Sale of a single Multibeam Optical Pickup for purposes of determining the number of Multibeam Optical Pickups Sold subject to any applicable royalty.

m. "Party" shall individually mean ABC or LICENSEE, and the term "Parties" shall collectively mean ABC and LICENSEE.

n. "Sold," "Sale," "Sell" means sold, leased or otherwise transferred by LICENSEE in normal, bonafide, commercial transaction and a sale shall be deemed to have occurred upon shipment or invoicing, whichever shall first occur, but shall not include return or redelivery of a returned sale.

o. "Trademarks" means those trademarks specified in Exhibit B, attached hereto and incorporated herein by this reference.

p. "ABC's Intellectual Property" means (1) any and all of ABC's Patents and its Affiliates' Patents (including any foreign counterparts to the United States patents), relating to Multibeam ASICs, Multibeam Optical Pickups and Multi-beam DVD-ROM Drives; and (2) any and all of ABC's Computer Programming Code and ABC's Computer Programming Code Documentation relating to Multibeam ASICs, Multibeam Optical Pickups and Multi-beam DVD-ROM Drives, including patents and copyrights relating thereto.

q. "ABC Technology" means (i) the ABC verilog design; (ii) ABC's Multibeam ASIC specifications; (iii) the Multibeam ASIC documentation; (iv) ABC's Multibeam Optics specifications; (v) ABC's Multibeam DVD-ROM Drive specifications; (vi) ABC's Intellectual Property; and (vii) certain know how to be identified by ABC regarding the development of the Multibeam ASICs, Multibeam Optical Pickups and Multibeam DVD-ROM Drives.

r. "Intellectual Property" shall mean any trade secrets, know-how and other intellectual property and confidential information developed by a party and/or its affiliates or in its or their possession or control on, prior to or after the Effective Date which (i) such party and/or its affiliates has the right to license to the other party, and (ii) is essential to the design, manufacture, use, or sale of a Product or part thereof;

s. "Joint Intellectual Property" shall mean new Intellectual Property developed jointly by the parties, including modifications to either party's Intellectual Property that are a "non-obvious" from the separate Intellectual Property of that party. A patent application directed to a variant of a feature described in a previously filed patent application but for which no priority claim is available shall also be deemed to be Joint Intellectual Property;

t. A "non-obvious" modification of a patent is a patent application for a feature which does not require a priority claim to a previously filed patent application of either party to support patentability. A patent application directed to an obvious variant ("Extension") of a feature described in a previously filed patent application and which depends upon a priority claim of such previously filed application for patentability shall be owned by the party owning the priority application.

2. TERM OF AGREEMENT. This Agreement will be effective for an initial period of three (3) years from the Effective Date of the Agreement and may be extended for an additional three (3) years term upon prior written consent of the parties at least two (2) months prior to the expiration of this Agreement.

3. ABC LICENSE.

a. Grant of License From ABC.

i) Subject to the terms and conditions of this Agreement, including, but not limited to, timely payment of the royalties set forth herein, ABC hereby grants to LICENSEE as an Authorized Drive Maker, a nontransferable, worldwide and nonexclusive license (without the right to sublicense, except as provided herein) to ABC Technology, including improvements to ABC's Intellectual Property (to the extent assignable) during the term of this Agreement, solely to: (a) design, make (and have made, but only pursuant to Section 13 of this Agreement), use, Sell and offer for Sale, and use Multibeam DVD-ROM Drives; (b) use, execute, or reproduce ABC's Computer Programming Code and ABC's Computer Programming Code Documentation, and create Derivative Works thereof, solely for purposes of designing, maintaining, and providing product support for Multibeam DVD-ROM Drives; and (c) distribute, import solely in conjunction with Sales and offers for Sale of Multibeam DVD-ROM Drives, object code that is a Derivative Work of ABC's Computer Programming Code (i.e., object code compiled from ABC's source code or a Derivative Work of ABC's source code).

ii) No other, further or different license is hereby granted or implied. The license granted by ABC hereunder is for the limited scope specified herein, and shall not include any other patent rights, intellectual property, trade secrets, know-how or technical assistance.

iii) LICENSEE acknowledges that only by entering into a separate license agreement with ABC to be an Authorized ASIC Maker may LICENSEE also be an Authorized ASIC Maker, and that only by entering into a separate license agreement with ABC to be an Authorized Optics Maker may LICENSEE also be an Authorized Optics Maker.

iv) Modifications to Intellectual Property

a) Modifications to ABC Intellectual Property made either independently by ABC or jointly with ABC by LICENSEE will be owned by ABC.

b) If improvements to ABC Intellectual Property made jointly by LICENSEE and ABC are implemented in a Multibeam DVD-ROM Drive, LICENSEE will have exclusive rights within the marketplace to the implementation in a Multibeam DVD-ROM Drive for a six (6) month period after the improvement has passed final system approval from ABC. After this period of time, other ABC licensees will have the right to ship Multibeam DVD-ROM Drives which have such improvements. If improvements to ABC Intellectual Property are made by any other Authorized Drive Maker, then LICENSEE will be entitled to such improvements after six (6) months after the improvement has passed final system approval from ABC to LICENSEE, to the extent assignable by ABC, without any delay and free of any additional charge.

c) Any improvement made by LICENSEE and or ABC to LICENSEE Intellectual Property will be owned by LICENSEE.

d) Any "non obvious" improvement made that is considered "Joint Intellectual Property" will be jointly owned and any royalties collected by either party will be divided 50/50 between ABC and LICENSEE.

v) ABC shall deliver its Computer Programming Code and Computer Programming Code Documentation to LICENSEE no later than thirty (30) days after said code is completed by ABC.

vi) ABC shall use reasonable commercial efforts to provide LICENSEE technical supports upon request of LICENSEE, such as dispatching its qualified engineers to LICENSEE at ABC's own expense, educating dispatched LICENSEE's engineers, and answering all the questions related to ABC Technology through phone, e-mail, and fax transmissions. Beyond an initial visit to LICENSEE by ABC engineers, if ABC'S on-site presence is requested by LICENSEE, LICENSEE agrees to compensate ABC for all reasonable travel and lodging expenses, excluding wages, subject to LICENSEE'S prior approval. Such technical support is limited to one hundred (100) working hours in any twelve (12) month period. If LICENSEE requests ABC engineers to visit for an improvement to ABC Intellectual Property, those related travel expenses will be at the expense of ABC. If an urgent request for ABC engineers to visit LICENSEE for purposes of technical support is made, ABC will use best efforts to arrive at LICENSEE offices as soon as reasonably possible.

b. Right To Sublicense Affiliates. LICENSEE shall have the right to grant sublicenses only to Affiliates of LICENSEE with respect to any rights conferred upon LICENSEE under this Agreement; provided, however, that any such sublicense shall be subject in all respects to the restrictions, exceptions, royalty and other payment obligations, reports, termination provisions, and other provisions contained in this Agreement. LICENSEE shall also pay or cause its Affiliates to pay the same royalties on all Multibeam DVD-ROM Drives Sold by its Affiliates as if LICENSEE had Sold such Multibeam DVD-ROM Drives. LICENSEE shall report to ABC the total number of, and the Selling Price for, all Multibeam DVD-ROM Drives Sold by each such Affiliate. LICENSEE, in addition to its Affiliates, shall be responsible and liable to ABC in the event that any of its Affiliates fails under any such sublicense to honor and comply with all obligations of LICENSEE as though said obligations were made expressly applicable to the Affiliate. Any sublicense by LICENSEE to an Affiliate of LICENSEE shall terminate immediately if such Affiliate ceases to be an Affiliate of LICENSEE. Except as set forth above, LICENSEE shall have no right to sublicense any of ABC Technology, or any of the rights conferred upon LICENSEE under this Agreement.

c. Royalties. In partial consideration for such license from ABC, LICENSEE shall pay to ABC or its Affiliates as directed by ABC, within thirty (30) days after the end of each calendar quarter, the royalty equivalent to ___________ percent (___%) of net selling price for each Multibeam DVD-ROM Drive Sold by LICENSEE during such calendar quarter. Notwithstanding the foregoing, LICENSEE shall not be required to pay royalties to ABC for Multibeam DVD-ROM Drives Sold by LICENSEE to ABC.

d. Duration of Royalty Obligations. In addition to the provisions of Section 11, the obligation of LICENSEE to pay royalties to ABC under Section 3.c of this Agreement shall continue until in the event all patents which are licensed hereunder by ABC and used by LICENSEE have expired or are held to be unenforceable against LICENSEE.

e. Taxes. Any taxes, duties or imposts other than income or profits taxes assessed or imposed upon the sums due hereunder in the United States, shall be borne and discharged by LICENSEE and no part thereof shall be deducted from the amounts payable to ABC under any clause of this Agreement, said amounts to be net to ABC, free of any and all deductions. Notwithstanding the foregoing, in the event sums payable to ABC under this Agreement become subject to income or profits taxes under the tax laws of the Republic of Korea or any country and applicable treaties between the United States and such country, LICENSEE may, if and to the extent required by law, withhold from each payment the amount of said income or profits taxes due and required to be withheld from each payment. LICENSEE will furnish and make available to ABC relevant receipts regarding the payment of any country taxes paid over to any country's government on behalf of ABC. Such tax receipts will clearly indicate the amounts that have been withheld from the gross amounts due to ABC. Any and all other taxes, levies, charges or fees will be paid by LICENSEE for its own account.

f. Conversion to U.S. Dollars. Royalties shall be paid in U.S. Dollars. To the extent that the Selling Price for Multibeam DVD-ROM Drives Sold by LICENSEE outside of the United States is paid to LICENSEE other than in U.S. Dollars, LICENSEE shall convert the portion of the royalty payable to ABC from such Selling Price into U.S. Dollars at the official rate of exchange of the currency of the country from which the Selling Price was paid, as quoted by the U.S. Wall Street Journal (or the Bank of America or another agreed-upon source if not quoted in the Wall Street Journal) for the last business day of the calendar quarter in which the royalties are payable. If the transfer of or the conversion into U.S. Dollars is not lawful or possible, the payment of such part of the royalties as is necessary shall be made by the deposit thereof, in the currency of the country where the Sale was made on which the royalty was based to the credit and account of ABC or its nominee in any commercial bank or trust company of ABC's choice located in that country, prompt notice of which shall be given by LICENSEE to ABC.

g. Sales by LICENSEE to ABC. With respect to any Multibeam DVD-ROM Drives Sold by LICENSEE under the grant of the license set forth herein, LICENSEE hereby may, at

ABC's option, Sell such Multibeam DVD-ROM Drives to ABC pursuant to the terms and conditions set forth in Exhibit C on an arms' length basis.

h. Restrictions on Copying. LICENSEE shall not, directly or indirectly reverse engineer, decompile, inspect, or analyze the physical construction or otherwise copy any of ABC's Multibeam DVD-ROM Drives, ABC Technology, and/or any of ABC's imbedded software without ABC's written consent.

i. ABC understands that LICENSEE may wish to undertake the retail selling of LICENSEE branded drives in the retail market in Korea only. This retail selling would be as a separate after-market sale of a stand-alone drive sold only as an add-on to existing PCs owned by the customers who would purchase such LICENSEE drives. ABC agrees to negotiate a special license arrangement for such sales if LICENSEE decides to proceed with such a retail program.

4. LICENSEE'S LICENSE.

a. Grant by LICENSEE.

i) LICENSEE hereby grants to ABC a perpetual, royalty-free, worldwide and nonexclusive license, with the right to sublicense, under any of LICENSEE's patents and technology (including LICENSEE's Computer Programming Code and LICENSEE's Computer Programming Code Documentation) developed after the Effective Date using the ABC Technology, in accordance with the provision of Section 3 a. iv b), above, to: (a) design, make, have made, use, Sell and offer for Sale, and import Multibeam DVD-ROM Drives; (b) use, execute, or reproduce LICENSEE's Computer Programming Code and LICENSEE's Computer Programming Code Documentation, and create Derivative Works thereof, solely for purposes of designing, maintaining, and providing product support for Multibeam DVD-ROM Drives; and (c) distribute solely in conjunction with Sales and offers for Sale of Multibeam DVD-ROM Drives, object code that is a Derivative Work of LICENSEE's Computer Programming Code (i.e., object code compiled from LICENSEE's source code or a Derivative Work of LICENSEE's source code).

ii) No other, further or different license is hereby granted or implied.

b. Covenant Not to Assert. LICENSEE hereby covenants that neither it nor its Affiliates will assert any of LICENSEE's or its Affiliates' rights in patents relating to Multibeam DVD-ROM

Drives or patents on inventions developed using the ABC Technology against any Authorized Licensees that: (i) use any of LICENSEE's patents to make, use and Sell Multibeam DVD-ROM Drives; and (ii) have agreed with ABC to an equivalent undertaking not to assert claims against LICENSEE and its Affiliates. Any Authorized Licensee that has agreed with ABC to an equivalent undertaking not to assert claims shall be regarded as a third-party beneficiary of this Section 4.b. LICENSEE shall be regarded as a third-party beneficiary of any agreement between Authorized Licensees and ABC similar to this Section 4.b. ABC will promptly notify LICENSEE of any Authorized Licensees that have agreed to such an equivalent under-taking and shall provide to LICENSEE a copy of the appropriate contractual language. ABC makes no representation or warranty as to any such Authorized Licensee's obligations to LICENSEE or LICENSEE's rights under any such equivalent undertaking.

c. Right To Sublicense Affiliates. ABC shall have the right to grant sublicenses only to Affiliates of ABC with respect to any rights conferred upon ABC under this Agreement; provided, however, that any such sublicense shall be subject in all respects to the restrictions, exceptions, termination provisions, and other provisions contained in this Agreement. ABC, in addition to its Affiliates, shall be responsible and liable to LICENSEE in the event that any of its Affiliates fails under any such sublicense to honor and comply with all obligations of ABC as though said obligations were made expressly applicable to the Affiliate. Except as set forth above and in Section 5.b with respect to LICENSEE's patents and technology developed after the Effective Date using ABC Technology, ABC shall have no right to sublicense any of LICENSEE's Intellectual Property.

d. Restrictions on Copying. ABC shall not, directly or indirectly, reverse engineer, decompile, inspect, or analyze the physical construction or otherwise copy any of LICENSEE's Multibeam DVD-ROM Drives and/or any of LICENSEE's imbedded software. Notwithstanding the foregoing, in the event of a dispute as to whether Multibeam DVD-ROM Drives Sold by LICENSEE incorporate ABC Technology and, therefore, are subject to the payment of royalties hereunder, ABC shall be permitted to make such determinations as are necessary in connection with such dispute. In making such determinations, ABC shall utilize one or more independent engineers whose work product shall not be disclosed to ABC's engineering or technical personnel but may be disclosed to ABC's legal department and/or outside attorneys and technical consultants, pursuant to a confidentiality agreement reasonably acceptable to LICENSEE.

e. Reporting of Errors. Notwithstanding that LICENSEE and ABC agree that ABC's Computer Programming Code and Computer Programming Code Documentation provided under this Agreement are provided "AS IS". LICENSEE shall promptly notify ABC of the discovery of errors in ABC's Computer Programming Code and Computer Programming Code Documentation or LICENSEE's Derivative Works thereof, and LICENSEE's Computer Programming Code and Computer Programming Code Documentation. ABC shall promptly notify LICENSEE of the discovery of errors in ABC's Computer Programming Code and Computer Programming Code Documentation and LICENSEE's Derivative Works thereof, and LICENSEE's Computer Programming Code and Computer Programming Code Documentation.

5. BEST EFFORTS TO MARKET AND SELL. LICENSEE shall use its best efforts to market, promote and Sell Multibeam DVD-ROM Drives in accordance with the terms and conditions of this Agreement.

6. PATENT AND COPYRIGHT MARKINGS. Each Multibeam DVD-ROM Drive Sold by LICENSEE shall indicate appropriate ABC patent notices as reasonably requested by ABC and commercially acceptable to LICENSEE. If ABC utilizes LICENSEE's patents pursuant to Section 4.a of this Agreement, if any, each Multibeam DVD-ROM Drive utilizing any of such patents Sold by ABC shall indicate appropriate LICENSEE patent notices as reasonably requested by LICENSEE. Each copy of object code that is a Derivative Work based on ABC's Computer Programming Code that LICENSEE distributes shall include appropriate ABC copyright notices as reasonably requested by ABC and commercially acceptable to LICENSEE. If ABC distributes LICENSEE's Computer Programming Code, if any, pursuant to Section 4.a of this Agreement, each copy of any such code that ABC distributes shall include appropriate LICENSEE copyright notices as reasonably requested by LICENSEE.

7. QUALITY CONTROL. Throughout the term of this Agreement, LICENSEE shall maintain, for the Multibeam DVD-ROM Drives manufactured or Sold by it, at least the same or similar manufacturing and quality standards generally observed in the industry for similar products.

8. TRADEMARKS.

a. LICENSEE acknowledges that ABC asserts that it is critical that the goodwill associated with the Trademark(s) to be protected and enhanced and, towards this end, LICENSEE shall not, during the terms of this Agreement or thereafter, intentionally:

i) Attach the title or any rights of LICENSEE in or to the Trademark(s);

ii) Apply to, register, or maintain any application or registration of the Trademark(s) or any other mark confusingly similar thereto in any jurisdiction, domestic or foreign;

iii) Use any colorable imitation of any of the Trademark(s), or any variant form, including variant design forms, logos, colors, or typestyles of the Trademark(s) not specifically approved by ABC;

iv) Misuse the Trademark;

v) Take any action that would bring the Trademark(s) into public disrepute;

vi) Use the Trademark(s), or any mark or name confusingly similar thereto, in its corporate or trade name; or

vii) Take any action that would tend to destroy or diminish the goodwill in the Trademark(s).

b. All use by LICENSEE of the Trademark(s) shall inure to the benefit of ABC.

c. LICENSEE agrees to cooperate fully with ABC in securing and maintaining the goodwill of ABC in the Trademark(s).

d. LICENSEE agrees to mark each of the Multibeam DVD-ROM Drives, or packaging therefor, with such Trademark or Trademarks, as may be reasonably specified by ABC and commercially acceptable to LICENSEE. LICENSEE agrees that it shall mark the Multibeam DVD-ROM Drives to indicate the rights of ABC in the Trademark(s), including registration status of the Trademark(s), and that the Multibeam DVD-ROM Drives are manufactured pursuant to license from ABC.

e. LICENSEE agrees to enter into the Trademark License Agreement with ABC under the terms and conditions identical to Exhibit D, attached hereto and incorporated herein by this reference.

9. DISCLAIMER/ LIMITATION OF LIABILITY.

a. Limitations. EXCEPT FOR DAMAGES ARISING OUT OF A PARTY'S USE OF A FABRICATION FACILITY THAT IS NOT AN AUTHORIZED FABRICATION FACILITY OR MISUSE OF ABC TECHNOLOGY, NEITHER PARTY SHALL BE LIABLE TO THE OTHER PARTY FOR ANY INCIDENTAL, CONSEQUENTIAL (INCLUDING LOST PROFITS) OR ANY OTHER INDIRECT LOSS OR DAMAGE ARISING OUT OF THIS AGREEMENT OR ANY RESULTING OBLIGATION OR THE USE OF ANY PATENT RIGHTS RECEIVED HEREUNDER, WHETHER IN AN ACTION FOR OR ARISING OUT OF BREACH OF CONTRACT, FOR TORT, OR ANY OTHER CAUSE OF ACTION. ABC PROVIDES ABC'S COMPUTER PROGRAMMING CODE AND ABC'S COMPUTER PROGRAMMING CODE DOCUMENTATION "AS IS" TO LICENSEE. ABC MAKES NO WARRANTY THAT ALL ERRORS HAVE BEEN OR CAN BE ELIMINATED FROM ABC'S COMPUTER PROGRAMMING CODE AND ABC'S COMPUTER PROGRAMMING CODE DOCUMENTATION, EXCEPT AS EXPRESSLY STATED ABOVE, AND ABC SHALL IN NO EVENT BE RESPONSIBLE FOR LOSSES OF ANY KIND RESULTING FROM THE USE OF THE ABC'S COMPUTER PROGRAMMING CODE IN MULTIBEAM ASICS.

b. Negation of Representations and Warranties. Except as expressly provided herein, nothing contained in this Agreement shall be construed as (i) requiring the filing of any patent application, the securing of any patent or the maintaining of any patent in force; (ii) a warranty or representation by either Party as to the validity or scope of any patent; (iii) a warranty or representation that any manufacture or Sale will be free from infringement of patents, copyrights or other intellectual property rights of others, and it shall be the sole responsibility of each Party to make such determination as is necessary with respect to the acquisition of licenses under patents and other intellectual property of third parties; (iv) an agreement to bring or prosecute actions or suits against third parties for infringement; (v) an obligation to furnish any manufacturing assistance; or (vi) conferring any right to use, in advertising, publicity or otherwise, any name, trade name or trademark, or any contraction, abbreviation or simulation thereof.

10. INDEMNITY FOR DAMAGE TO PERSONS, PROPERTY OR BUSINESS.

a. Indemnification by LICENSEE. LICENSEE shall indemnify, defend and hold ABC harmless from, any and all claims, judgments, liabilities, costs and expenses (including attorneys' fees) arising out of or related, directly or indirectly, to any injury, loss or damage to persons, property or business arising from, relating to, or in any way connected with, any product, including but not limited to Multibeam DVD-ROM Drives, that LICENSEE manufactures or has manufactured and Sells using ABC Technology, excepting therefrom any judgments, liabilities, costs and expenses arising out of or related to any claims by third parties regarding infringement by LICENSEE for using ABC Technology. LICENSEE agrees to indemnify and hold harmless ABC against all liability or responsibility to LICENSEE or to others for any failure in production, design, operation or otherwise of all products, including but not limited to, Mutlibeam DVD-ROM Drives, in which ABC Technology is utilized except if such liability or responsibility is due to infringement claims with respect to ABC Technology.

b. Indemnification by ABC. ABC shall indemnify, defend and hold LICENSEE harmless from and against any and all claims, judgments, liabilities, costs, and expenses) including attorney's fees) arising out of or related, directly or indirectly, to claims that ABC Technology, standing alone infringes any patent, copy right, trademark, trade secret or other intellectual property right of third parties.

c. Notice, Defense and Cooperation. ABC shall provide LICENSEE with prompt notice of any claim within Section 10.a, shall give LICENSEE the full right to defend any such claim and shall cooperate fully in such defense. LICENSEE shall provide ABC with prompt notice of any claim within Section 10.b, and shall give ABC the full right to defend any such claim and shall cooperate fully in such defense.

d. Resolution of Third-Party Infringement Claims. In the event third party claims that it holds patents which are infringed, and ABC resolves such claims on behalf of itself and its Authorized Licensees generally, then ABC agrees that if it is able to resolve such claims as to LICENSEE without any expense and without jeopardizing or compromising ABC's ability to resolve such claims for itself or its other Authorized Licensees, then ABC shall make best efforts to include LICENSEE in the resolution of such claims as to ABC's Authorized Licensees.

11. TERMINATION.

a. Termination Without Cause by LICENSEE. LICENSEE may for any reason, at any time when it is not using any of the ABC Technology, terminate this Agreement upon sixty (60) days' prior written notice to ABC and LICENSEE's obligation to pay royalties to ABC under Section 3.c of this Agreement shall, upon the effective date of such termination, cease; provided that all fees and royalties which have accrued under the terms of the Agreement and the entirety of the Up-Front License Fee and royalties (if not previously paid) shall be due and owing.

b. Termination For Cause by ABC. ABC may terminate this Agreement, by written notice to LICENSEE, if LICENSEE shall at any time default in the payment hereunder, including royalties, or the making of any report hereunder, or shall commit any material breach of any covenant, representation, warranty or agreement herein contained, or shall make any false report to ABC; provided, however, that in the case of any such breach which is capable of being cured, ABC shall not have a right to terminate this Agreement for cause unless and until LICENSEE shall have failed to remedy any such default, breach or report within thirty (30) days after written notice thereof by ABC. LICENSEE shall be able to effectuate such cure with respect to a default in the payment of any royalty hereunder no more than three (3) times during the term of this Agreement. Upon termination of this Agreement for cause, LICENSEE shall duly account to ABC for all royalties and other payments within thirty (30) days of such termination.

c. Termination For Cause by LICENSEE. LICENSEE may terminate this Agreement, by written notice to ABC, if ABC shall commit any material breach of any material covenant, representation, warranty or agreement herein contained; provided, however, that in the case of any such breach which is capable of being cured, LICENSEE shall not have a right to terminate this Agreement for cause unless and until ABC shall have failed to remedy any such material breach within thirty (30) days after receipt by ABC of written notice thereof by LICENSEE.

d. Termination for Infringement Actions. If, at any time during the term of this Agreement, either Party (or any of its affiliates) initiates an intellectual property infringement action against the other Party or its affiliates asserting that any product manufactured and Sold by the other Party or its affiliates infringes any intellectual property rights and the (or its affiliate) Party which initiated such infringement action does not prevail in such action, then the other Party shall have the option, exercisable for a period of sixty (60) days only, to terminate this Agreement immediately. Upon termination of this Agreement pursuant to this

Section 11.d, LICENSEE shall duly account to ABC for all royalties and other payments within thirty (30) days of such termination.

e. Bankruptcy, Dissolution, Liquidation, Merger or Acquisition. Either Party shall also have the right to terminate this Agreement with immediate effect by giving written notice of termination to the other Party at any time upon or before sixty (60) days after the occurrence of any of the following events with respect to such other Party (unless such event ceases within such period): (i) insolvency, bankruptcy or liquidation or filing of any application therefor, or other commitment of an affirmative act of insolvency; (ii) attachment, execution or seizure of substantially all of the assets or filing of any application therefor; (iii) assignment or transfer of that material portion of the business to which this Agreement pertains to a trustee for the benefit of creditors; (iv) disposition, by Sale or assignment of all of its rights, of that portion of the business or the material assets to which this Agreement pertains; (v) merger, acquisition or con-solidation resulting in any substantial change in its management or control; or (vi) termination of its business or dissolution.

f. Rights Upon Termination. Upon any expiration or termination of this Agreement, pursuant to Sections 11.a or 11.b, all licenses granted by ABC hereunder shall also terminate and LICENSEE shall immediately cease using any of the ABC Technology. The licenses granted by LICENSEE hereunder shall survive the termination or expiration of this Agreement and remain in full force and effect thereafter until all of the LICENSEE's patents relating to Multibeam DVD-ROM Drives have expired; except that, upon termination of this Agreement by LICENSEE under Sections 11.c, 11.d, or 11.e, all licenses granted by LICENSEE hereunder shall also terminate and ABC shall immediately cease using any of the LICENSEE's patents. Any termination or expiration of this Agreement under this Section 11 shall not relieve LICENSEE from its obligation under Section 12 hereof to make a report or from its liability for payment of royalties on Multibeam DVD-ROM Drives Sold on or prior to the date of such termination or expiration and shall not prejudice the right to recover any royalties or other sums due or accrued at the time of such termination or expiration and shall not prejudice any cause of action or claim accrued or to accrue on account of any breach or default. Furthermore, any termination or expiration of this Agreement under this Section shall not prejudice the right of ABC to have conducted a final audit of the records of LICENSEE in accordance with the provisions of Section 12 hereof. No termination hereunder shall limit the rights of LICENSEE to Sell those Multibeam DVD-ROM Drives in inventory or in process at the time of termination or, for a period of up to six (6) months after the termination date, to make scheduled deliveries under purchase orders dated, received and accepted by LICENSEE prior to the termination date (copies of which purchase orders are to be delivered to the auditor under Section 12 hereof), subject to payment of the royalty applicable to the Sale of such Multibeam DVD-ROM Drives and continued compliance with the other provisions of this Agreement. Upon termination of this Agreement, LICENSEE shall immediately return to ABC all copies of ABC's Computer Programming Code and ABC's Computer Programming Code Documentation, and Derivative Works thereof, excluding any Derivative Works or improvement created solely by LICENSEE. Derivative Works retained by LICENSEE under this Section 11 shall continue to be governed by terms of this Agreement, and no right is granted to use, sell, lease, license, distribute or transfer the Derivative Works outside the scope of the terms of this Agreement. LICENSEE shall warrant in writing, upon request of ABC, that no copies of any such material have been retained or are within the control of LICENSEE, except the above-described Derivative Works or improvement created solely by LICENSEE.

12. RECORDS AND AUDITS.

a. Records. LICENSEE shall keep accurate and complete books and records concerning any Multibeam DVD-ROM Drives it may Sell under this Agreement. As applicable, such books and records shall include the date of transaction involving Sales of Multibeam DVD-ROM Drives, including the number of items Sold. LICENSEE shall furnish ABC within thirty (30) days after the end of each calendar quarter a certificate, in the form attached hereto as Exhibit E, signed by a responsible official of LICENSEE showing the transactions and corresponding amounts during said calendar quarter and any other information as may be reasonably requested by ABC.

b. Audits. ABC may ,during normal business hours and on reasonable advance notice, have an audit conducted by a major independent international accounting firm selected by ABC and reasonably acceptable to LICENSEE, which has not served as ABC's or LICENSEE's auditors during the preceding year, of LICENSEE's applicable books and records to confirm the royalty paid or to be paid to ABC in accordance with the terms and conditions set forth in Section 3.c of this Agreement. Such independent accounting firm shall (i) maintain the confidentiality of all information of LICENSEE obtained in the course of such audit and used only for purposes of verifying compliance by LICENSEE with the provisions of this Agreement, and (ii) execute a nondisclosure agreement reasonably acceptable to LICENSEE to reflect the above. The cost of such audit shall be borne by ABC, unless such audit determines that the LICENSEE has underpaid the royalties due hereunder by the lesser of: (a) more than two percent (2%), or (b) Twenty-five Thousand Dollars ($25,000); in which case, LICENSEE shall, in addition to paying the deficiency plus late payment charges, pay the cost of such audit. LICENSEE shall preserve and maintain all such books and records required for audit for a period of four (4) years after the calendar month for which the books and records apply.

13. USE OF SUBCONTRACTORS. LICENSEE shall have the right to subcontract manufacturing of all or part of the items set forth herein, provided that:

a) Subcontractors only receive such ABC Technology as is required to manufacture the specific items requested by LICENSEE;

b) Each subcontractor agrees in writing: (i) not to use or disclose any of LICENSEE's Multibeam DVD-ROM Drive designs or ABC Technology for any purpose other than such subcontract manufacturing for LICENSEE; (ii) not to subcon-tract- or assign its manufacturing responsibilities to another manufacturer, unless such manufacturer is approved by ABC; (iii) not to provide Multibeam DVD-ROM Drives to any third party; and (iv) to be bound by the terms of Section 13 of this Agreement; and

c) LICENSEE shall be responsible for any misuse of ABC Technology by subcontractors.

14. ASSIGNMENT. Except as provided in this Section, LICENSEE shall not assign this Agreement or any right or interest under this Agreement, nor delegate any obligation to be performed under this Agreement (an "assignment"), without ABC's prior written consent. For purposes of this Section 14, LICENSEE shall be deemed to have attempted to assign its rights under this Agreement in the event of any Sale of all or substantially all of its assets, or any substantial change in the management or control of LICENSEE by merger, acquisition,

consolidation or other transaction. Any such attempted assignment in contravention of this Section 14 shall be void and ineffective. ABC may not assign its rights and delegate its duties hereunder to any of its Affiliates without prior written consent of LICENSEE.

15. COMPLIANCE WITH U.S. REGULATIONS. Nothing contained in this Agreement shall require or permit LICENSEE or ABC to do any act inconsistent with the requirements of: (a) the regulations of the United States Department of Commerce; (b) the foreign assets controls or foreign transactions controls regulations of the United States Treasury Department; or (c) of any similar United States law, regulation or executive order as the same may be in effect from time to time.

16. PUBLICITY. Each Party shall submit to the other proposed copy of all advertising wherein the name, trademark, code, specification or service mark of the other Party is mentioned; and neither Party shall publish or use such advertising without the other's prior written approval. Such approval shall be granted or withheld as promptly as possible (usually within ten (10) days), and may be withheld only for good cause.

17. SURVIVAL OF OBLIGATIONS. The Parties' rights and obligations which, by their nature, would continue beyond the termination, cancellation, or expiration of this Agreement shall survive such termination, cancellation, or expiration.

18. SEVERABILITY. If any provision in this Agreement shall be held to be invalid or unenforceable, the remaining portions shall remain in effect. In the event such invalid or unenforceable provision is considered an essential element of this Agreement, the Parties shall promptly negotiate a replacement provision.

19. NON-WAIVER. No waiver of the terms and conditions of this Agreement, or the failure of either Party strictly to enforce any such term or condition on one or more occasions shall be construed as a waiver of the same or of any other term or condition of this Agreement on any other occasion.

20. NOTICES. All notices, requests, demands, consents, agreements and other communications required or permitted to be given under this Agreement shall be in writing and shall be mailed to the Party to whom notice is to be given, by facsimile, and confirmed by first class mail, postage prepaid, and properly addressed as follow (in which case such notice shall be deemed to have been duly given on the day the notice is first received by the Party):

ABC Corporation

Attn:

Facsimile No.:

Telephone No.:

With a Copy to:

ABC Corporation

Attn: Chief Financial Officer

Facsimile No.:

Telephone No.:

And With a Copy to:

Facsimile No.:

Telephone No.:

XYZ

Attn

Facsimile No.:

Telephone No.:

And With a Copy to:

Facsimile No.

Telephone No.:

The above addresses can be changed by providing notice to the other Party in accordance with this Section.

21. PUBLICATION OF AGREEMENT. Except as may otherwise be required by law or as reasonably necessary for performance hereunder, each Party shall keep this Agreement and its provisions confidential, and shall not disclose this Agreement or its provisions without first obtaining the written consent of the other Party, which consent shall not be unreasonably withheld. The confidentiality obligations hereunder do not apply to the existence of this Agreement or the fact that ABC and LICENSEE have executed this Agreement, but do apply to the terms and conditions of this Agreement. Any press release or other announcement by either Party concerning the entering into of this Agreement shall be subject to the prior written approval of other Party, which approval shall not be unreasonably withheld. In case a press release or other public announcement to the effect of the Parties' entering into of this Agreement is issued by either Party pursuant to the preceding sentence, (i) ABC may thereafter make a press release or other public announcement to the effect that LICENSEE is one of ABC's licensees for Multibeam DVD-ROM Drives without prior written approval of LICENSEE, and (ii) LICENSEE may thereafter make a press release or other public announcement to the effect that LICENSEE is licensed by ABC for Multibeam DVD-ROM Drives without prior written approval of ABC.

22. APPLICABLE LAW; VENUE. This Agreement shall be governed by and construed and enforced in accordance with the laws of the State of New York without regard to conflict of laws principles. Except as expressly provided in Section 14, any dispute, claim or controversy, or difference arising out of or relating to, or in connection with this Agreement, or the breach or validity hereof, shall be finally settled either in Seoul if LICENSEE is a respondent or in New York City if ABC is a respondent, by arbitration pursuant to the U.S.-Korean Commercial Arbitration Agreement of December 1, 1974, by which each party hereto is bound.

23. LATE CHARGE. ABC may charge the other a late charge, with respect to any amounts that LICENSEE owes hereunder and fails to pay on or before the due date, in an amount equal to the lesser of one and five-tenths percent (1.5%) per month, pro-rated, or the maximum amount permitted by law.

24. ATTORNEYS' FEES. In the event of any proceeding to enforce the provisions of this Agreement, the prevailing Party (as determined by the court) shall be entitled to reasonable attorneys' fees as fixed by the court.

25. HEADINGS. All headings used in this Agreement are inserted for convenience only and are not intended to affect the meaning or interpretation of this Agreement or any clause. Reference to "third party" or "third parties" shall not mean either Party.

26. ENTIRE AGREEMENT. The terms and conditions contained in this Agreement supersede all prior and contemporaneous oral or written understandings between the Parties with respect to the subject matter thereof and constitute the entire agreement of the Parties with respect to such subject matter. Such terms and conditions shall not be modified or amended except by a writing signed by authorized representatives of both Parties.

27. INDEPENDENT CONTRACTORS. The relationship between ABC and LICENSEE is that of independent contractors. ABC and LICENSEE are not joint venturers, partners, principal and agent, master and servant, employer or employee, and have no other relationship other than independent contracting parties.

28. U.S. DOLLARS. All payments to be made hereunder shall be made in Dollars of the United States of America by wire-transfer and at a bank to be designated by the payee, except as set forth in Section 4.f.

29. FORCE MAJEURE. Neither Party shall be in default or liable for any loss or damage resulting from delays in performance or from failure to perform or comply with terms of this Agreement (other than the obligation to make payments, which shall not be affected by this provision) or, in the case of LICENSEE, to cure a default within the time specified in Section 12.b hereof with respect to the making of any report hereunder due to any causes beyond its reasonable control, which causes include but are not limited to Acts of God or the public enemy; riots and insurrections; war; fire, earthquakes or storms; strikes and other labor difficulties (whether or not the Party is in a position to concede to such demands); embargoes; judicial action; lack of or inability to obtain export permits or approvals, necessary labor, materials, energy, components or machinery; and acts, regulations or laws of civil or military authorities.

30. COUNTERPARTS. This Agreement may be executed in any number of counterparts, each of which may be executed by less than all of the parties, each of which shall be enforceable against the parties actually executing such counterparts, and all of which together shall constitute one instrument.

IN WITNESS WHEREOF, the Parties hereto have caused this Agreement to be executed as of the Effective Date.

ABC Corporation   XYZ.

By:_______________________   By:_______________________

           (Signature)   (Signature)

_______________________   _______________________

       (Print Name & Title)   (Print Name & Title)

EXHIBIT A

Authorized ASIC Makers

1.____

2.____

3.____

Authorized Optics Makers

1.____

2.____

3.____

EXHIBIT B

Trademarks

"__________ ABC"

"________"

"________"

"________"

EXHIBIT C

Terms of Sale of Multibeam DVD Drives to ABC

The price paid by ABC for Multibeam DVD-ROM Drives manufactured by, or for, LICENSEE, shall be a commercially reasonable price paid to such LICENSEE for such Multibeam DVD-ROM Drives, for similar quantities ordered, during the six (6) months preceding the date of Sale to ABC. Such Sale shall be made pursuant to the terms of ABC's standard purchase order for Multibeam DVD-ROM Drives. The purchase price for such Multibeam DVD-ROM Drives shall be paid no later than sixty (60) days following the delivery of the Multibeam DVD-ROM Drives to ABC.

EXHIBIT D

TRADEMARK LICENSE AGREEMENT

This TRADEMARK LICENSE AGREEMENT (the "Agreement") is made as of the 8th day of
__________, 1999, by and between ABC Corporation, a ______________ corporation, located at
____________________________ (hereinafter "ABC"), and XYZ, a Korean corporation, located at
____________________________Korea (hereinafter "LICENSEE").

WITNESSETH

WHEREAS, ABC is the owner of Trademark Application Nos. __________ for the mark
"_______," filed July 24, 1997, for inter alia "optical disc drives and parts therefor;" and
__________ for the mark "POWERED BY ABC," filed June 22, 1998, for inter alia "optical
disc drives and parts therefor;" and

WHEREAS, LICENSEE desires a license to use the trademarks "TRUE X" and "POWERED BY
ABC" (hereinafter referred to as "the Marks") in connection with multibeam optical drives; and

WHEREAS, LICENSEE also desires to use ABC's trade name, "ABC Corporation." (hereinafter
referred to as "the ABC Name") in connection with advertising and promotion of its multibeam
optical drives which contain ABC's technology.

NOW, THEREFORE, the parties agree:

1. <u>Grant of License.</u>

a. ABC grants LICENSEE a non-exclusive, royalty-free license to use the Marks only in
   connection with LICENSEE's multibeam optical drives which contain ABC's technology.

b. ABC grants LICENSEE a non-exclusive, royalty-free license to use the ABC Name in
   connection with the advertising and promotion of LICENSEE's multibeam optical drives
   which contain ABC's technology.

c. ABC expressly retains ownership of the Marks and the ABC Name and all other rights not
   expressly granted to LICENSEE herein.

d. LICENSEE hereby acknowledges ABC's ownership of the Marks and ABC Name, and
   agrees that it will not, during or after this License Agreement, contest the validity of this

Agreement or ABC's ownership of the Marks or the ABC Name.

e. LICENSEE agrees that it will always use the symbol TM in connection with the Marks and/or such other legend as may be reasonably requested by ABC to appear where appropriate in connection with LICENSEE's use of the Marks.

2. <u>Term</u>. The term of this Agreement shall commence on the date of execution and shall continue so long as LICENSEE sells multibeam optical drives which contain ABC's technology, or unless terminated in accordance with the termination provisions set forth in paragraph 11 (below).

3. <u>Sublicense and Assignment</u>. LICENSEE may not sublicense the rights granted herein without ABC's prior written approval.

4. <u>Territory</u>. The territory of this Agreement is the United States of America and its territories ("U.S.").

5. <u>Quality Control</u>. LICENSEE represents that it shall maintain the same high quality, standards and manufacturing specifications for the multibeam optical drives that display the Marks as it maintains for its other multibeam optical drives.

6. <u>Right of Inspection</u>.

a. On a bi-yearly basis, upon reasonable <u>advance</u> notice and <u>during normal business hours </u>to LICENSEE, ABC shall be provided access to LICENSEE's manufacturing facilities to conduct an inspection to confirm LICENSEE's compliance with the quality standards agreed to by the parties.

b. Upon request, LICENSEE shall provide ABC with samples of the finished product for inspection and approval.

7. <u>Advertising and Promotion</u>.

a. Any advertising and promotional materials concerning LICENSEE's multibeam optical drives on which the Marks will be used and/or which will contain the ABC Name (which do not originate from ABC) and which LICENSEE intends to use, shall be provided to ABC prior to their use.

b. ABC shall have the right to reasonably criticize such materials within five (5) days from their receipt. Failing criticism within this time, said materials shall be deemed approved.

c. Should ABC reasonably criticize any of the materials and should LICENSEE ignore such criticism by failing to remedy it on three separate occasions, ABC shall have the right to terminate this Agreement in accordance with the provisions of paragraph 11 hereunder.

8. <u>Trademark Infringement.</u>

a. LICENSEE shall apprise ABC as soon as practicable of any infringement of the Marks and the ABC Name that comes to its attention.

b. ABC, at its sole cost and expense and in its own name, and at its sole discretion, may prosecute any action or proceeding which it deems necessary or desirable to protect the Marks and the ABC Name, including, but not limited to, actions or proceedings involving infringement of the Marks or the ABC Name. LICENSEE shall fully cooperate with ABC's efforts to prosecute or defend any action or proceeding.

c. LICENSEE shall not commence any action or proceeding alleging infringement of the Marks or the ABC Name without the prior written consent of ABC.

d. Any and all damages recovered in any action or proceeding commenced by ABC which relate to a claim of infringement shall belong solely and exclusively to ABC.

9. <u>Maintenance of Trademarks.</u> ABC hereby represents that it shall be responsible for the prosecution of the applications for the Marks. When necessary, LICENSEE shall cooperate and assist ABC in obtaining and maintaining the registrations of the Marks, including providing evidence of use or other necessary assistance. ABC shall be solely responsible for all costs in prosecuting, registering and maintaining the Marks.

10. <u>Indemnification</u>

a. LICENSEE hereby indemnifies ABC, including its officers, directors, agents and employees, and shall hold the same harmless from and against any claims, suits, liabilities, causes of action, damages or expenses (including reasonable attorneys' fees) arising out of any unauthorized use by LICENSEE of the Marks and/or the ABC Name, as well as any claims, suits, liabilities, causes of action, damages or expenses (including reasonable attorneys' fees) associated with LICENSEE's manufacture of multibeam optical drives and any use of LICENSEE's multibeam optical drives on which the Marks and the ABC Name are displayed.

b. ABC shall indemnify LICENSEE, including its officers, directors, agents and employees, and shall hold the same harmless from and against any claims, suits, liabilities, causes of action, damages or expenses arising out of or in connection with any claim of trademark or trade name infringement asserted against LICENSEE by third parties relating to LICENSEE's use of the Marks and the ABC Name as authorized by this Agreement provided that LICENSEE shall give reasonably prompt notice, cooperation and assistance, other than financial assistance, to ABC relative to any claim or suit; and LICENSEE's liability for any loss, claim or damage is not covered by any insurance policy then in effect on behalf of LICENSEE or any recovery thereunder is less than the amount of LICENSEE's liability for the loss, claim or damage. It is further agreed that ABC shall have the option to undertake the conduct and defense of any suit so brought.

11. <u>Termination.</u>

a. This Agreement, and any and all rights of LICENSEE hereunder, may be terminated by ABC upon written notice to LICENSEE, if (i) LICENSEE fails to perform or breaches a material provision of this Agreement, and (ii) LICENSEE shall not commence curing the same within fifteen (15) days after written notice from ABC, and (iii) LICENSEE thereafter fails to proceed with diligence and continuity to cure such failure or breach within thirty (30) days of said notice;

b. ABC may immediately terminate this Agreement by sixty (60) days written notice to LICENSEE if LICENSEE is acquired by, merged with or acquires any entity that is a competitor of ABC. The termination date shall be sixty (60) days from the date of written notice.

c. ABC may immediately terminate this Agreement by sixty (60) days written notice to LICENSEE if LICENSEE ceases selling multibeam optical drives which contain ABC's technology. The termination date shall be sixty (60) days from the date of written notice.

d. LICENSEE shall have the right to terminate this Agreement at any time on sixty (60) days written notice to ABC. The termination date shall be sixty (60) days from the date of written notice.

e. Upon termination of this Agreement, the license and rights and privileges granted to

LICENSEE under this Agreement shall immediately cease. In such event, ABC shall retain all of its rights to such damages therefor in law and equity.

f. Upon termination of this Agreement, LICENSEE shall furnish ABC with an itemized list of all literature and advertising and promotional material, labels, packaging, containers, and any other materials bearing the Marks and/or the ABC Name or otherwise incorporating, referring to or relating to the Marks and/or the ABC Name, whether located on LICENSEE's premises or at the disposal of LICENSEE at any other location.

g. Upon termination of this Agreement, except for reason of a breach by LICENSEE, LICENSEE shall be entitled for an additional period of one hundred twenty (120) days (hereinafter referred to as the "Sell-Off" period) from the termination date to dispose of the multibeam optical drives on which the Marks and/or ABC Name are displayed.

12. <u>Notices.</u>

a. All notices hereunder shall be in writing and all notices and statements to be given at the respective addresses the parties set forth below, unless notification of a change of address is given in writing:

If to ABC:

ABC Corporation

Attn:

If to LICENSEE:

XYZ

Attn:

b. Notice sent by mail, postage prepaid, or by facsimile, shall be deemed to have been given at the time of mailing or transmission, as the case may be.

13. <u>Choice of Law.</u> This Agreement shall be governed by and construed in accordance with the laws of the State of New York, without regard to conflicts of law. Any dispute, claim or controversy arising out of or relating to this Agreement, or the breach thereof, shall be finally settled either in Seoul if LICENSEE is a respondent or in New York City if ABC is a

respondent, by arbitration pursuant to the U.S.-Korean Commercial Arbitration Agreement of December 1, 1974, by which each party hereto is bound.

14. <u>Severability of Provisions and Titles</u>. Any provision of this Agreement which shall be or be determined to be invalid shall be ineffective, but such invalidity shall not affect the remaining provisions hereof. The titles to the paragraphs hereof are for convenience only and have no substantive effect.

15. <u>Confidentiality.</u> Information received by LICENSEE from ABC regarding ABC's business is confidential and shall not be disclosed to any third parties.

16. <u>Miscellaneous</u>. This Agreement shall be binding upon and inure to the benefit of the parties, their related companies, and respective successors and assigns.

17. <u>Entire Agreement</u>. This Agreement constitutes the entire Agreement between the parties hereto relating to the subject matter hereof, and supersedes any prior agreement or understanding. There are no terms, obligations, covenants, representations, statements or conditions other than those contained herein. No variation or modification of this Agreement nor waiver of any of the terms and provisions hereof shall be deemed valid unless in writing, signed by both parties hereto.

IN WITNESS WHEREOF, the parties have caused their duly authorized officers, having all requisite power and authority to enter into this Trademark License Agreement, to execute this Agreement as of the date first written above.

ABC Corporation

By:_________________

Name:

Title: President & CEO

XYZ.

By:_________________

Name:

Title: Vice President

EXHIBIT E

Certificate Regarding Royalties

The undersigned, XYZ ("LICENSEE") provides the following information to ABC Corporation ("ABC") pursuant to the Drive License Agreement entered into between LICENSEE and ABC ("Agreement"). All capitalized terms used in this Certificate have the definitions ascribed to them in the Agreement.

This Certificate reflects the Royalties payable by LICENSEE for the calendar quarter ended ___________________.

General Information Regarding Sale				Selling Price Paid	Royalties Payable
Date of Sale	Country of Sale	If Sold to Related Buyer, Identify Buyer	Number of Multi--beam DVD-ROM Drives Sold		

The undersigned hereby certifies that the foregoing represents an accurate and complete record of all royalties due and payable by LICENSEE for the calendar quarter specified as required under the terms of the Agreement.

Dated:_____________________________.

XYZ

By:_____________________ ________________

(Signature)

____

(Print Name and Title)

· 저자 ·

윤성승
(尹聖升)

· 약 력 ·
서울대학교 법과대학 졸업
법학박사(서울대학교)
University of Washington, M. B. A.
미국변호사(캘리포니아주, 뉴욕주)
現 아주대학교 법과대학 교수

· 주요논저 ·
「Additional Terms and Warranties under the U.N. Convention on the Contracts for the
International Sale of Goods((CISG)」, Korean Yearbook of International Law vol. 4(2004)
『벤처캐피탈과 법』, (한국학술정보(주))

국제거래법

· 초판 인쇄	2007년 8월 30일
· 초판 발행	2007년 8월 30일
· 지 은 이	윤성승
· 펴 낸 이	채종준
· 펴 낸 곳	한국학술정보㈜
	경기도 파주시 교하읍 문발리 526-2
	파주출판문화정보산업단지
	전화 031) 908-3181(대표) · 팩스 031) 908-3189
	홈페이지 http://www.kstudy.com
	e-mail(출판사업부) publish@kstudy.com
· 등 록	제일산-115호(2000. 6. 19)
· 가 격	10,000원

ISBN 978-89-534-6432-2 93360 (Paper Book)